HEIDI NEUGEBAUER

SARGON DER PRÄCHTIGE

SARGON
DER
PRÄCHTIGE

VON

MRS. SYDNEY BRISTOWE (1927)

ERSTMALIGE ÜBERSETZUNG ORIGINALTEXT: HEIDI NEUGEBAUER

Bibliografische Information der Deutschen Nationalbibliothek:
Die Deutsche Nationalbibliothek verzeichnet diese Publikation in der Deutschen
Nationalbibliografie; detaillierte bibliografische Daten sind im Internet über dnb.dnb.de
abrufbar.
Die automatisierte Analyse des Werkes, um daraus Informationen insbesondere über
Muster, Trends und Korrelationen gemäß § 44b UrhG („Text und Data Mining") zu gewinnen
ist untersagt.

Lektorat: Mentorium GmbH, Berlin
Umschlaggestaltung: Designenlassen.de, Marktplatz für Kreativdienstleistungen GmbH
Umschlagmotive: Adobe Foto Nr.: 538560559
Kleines Foto:
Die Göttin Ishtar erscheint dem jungen Sargon, der als Gärtner arbeitet. „Unter Ishtars Führung
stieg der Gärtnerjunge zum König seiner eigenen kleinen Stadt auf. Dann eroberte er andere
Städte und hielt schließlich das ganze Land Babylonien unter seiner Herrschaft, wobei er der
erste Mann war, der alle kleinen kriegführenden Städte in einem einzigen Staat vereinte."
(Bildquelle: http://www.flickr.com/photos/internetarchivebookimages/14783163205,
Internet Archive Book Images, Veröffentlichung des Buches 1913 / gemeinfrei)

Herstellung und Verlag:
BoD – Books on Demand, Norderstedt

ISBN: 9783759753342

INHALTSVERZEICHNIS

I

TEIL ZWEI

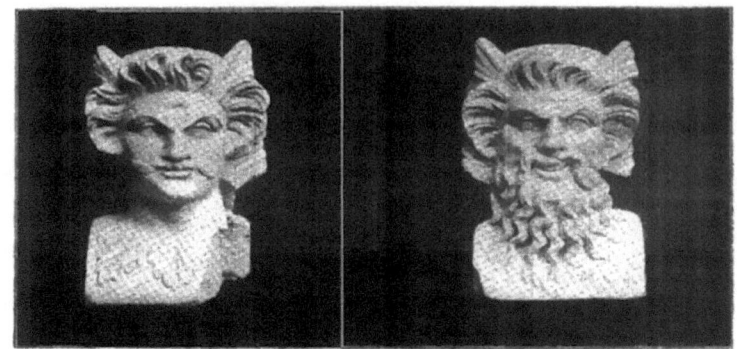

CAST OF DOUBLE-HEADED BUST   See p. 110.

In the collection of Prince Orsini, Rome.   Supposed date about 50 B.C.   (City of Nottingham Museum and Art Gallery.)

Frontispiece.

SARGON VON AKKAD, BEGRÜNDER DES ERSTEN GROßEN WELTREICHES IN BABYLON, WIRD 1927 VON MRS. SIDNEY BRISTOWE IN IHREM BUCH „SARGON THE MAGNIFICENT" THEMATISIERT. IN DER CHRISTLICHEN LITERATUR IST ES EIN WERTVOLLES, ABER WENIG BEKANNTES UNIKAT.

DIESES EINZIGARTIGE WERK IST AUSSCHLIEßLICH IN DER ENGLISCHEN SPRACHE VERFÜGBAR, UND SOMIT REIFTE DER ENTSCHLUSS HERAN, ES AUF DIE DEUTSCHSPRACHIGEN KULTURKREISE ZU ERWEITERN.

IM VORLIEGENDEN BUCH WIRD DER LESER AUF EINE AUSDRUCKSVOLLE UND GRAMMATISCHE ZEITREISE IN DAS JAHR 1927 GESCHICKT. DIE VON LANGEN SATZFORMEN GEPRÄGTE SCHREIBWEISE DER DAMALIGEN ZEIT IST AUCH HEUTE NOCH EIN ALGORITHMUS STETIGER ENTWICKLUNGSPROZESSE DER WELTLITERATUR.

DIE CHRISTLICHE LITERATUR DARF NICHT NUR EINE VISION FÜR ZUKÜNFTIGE WISSBEGIER SEIN. SIE IST DAS VERMÄCHTNIS DES VERTRAUENS AN DIE HEILIGE SCHRIFT, DIE UNS GLAUBE UND LIEBE SCHENKT.

HEIDI NEUGEBAUER

EINLEITUNG

Vor etwa dreißig Jahren verkündete ein gewisser deutscher Professor, selbst ein höherer Kritiker, in einer Reihe von Vorlesungen seinen Glauben an die göttliche Inspiration der ersten Kapitel der Genesis und bedauerte die Angriffe anderer Professoren auf deren Authentizität. Gleichzeitig gab er seine Überzeugung bekannt, dass eine einzelne Entdeckung weitgehend dazu beitragen würde, diesen Angriffen entgegenzuwirken. Offenbar rechnete er nicht damit, dass eine solche Entdeckung gemacht werden würde; ich hoffe jedoch aufzeigen zu können, dass diese Entdeckung die unsere ist, wenn man die Keilschriftinschriften, die in Babylonien gefunden wurden und nun für jedermann zugänglich sind, aus einem neuen Blickwinkel untersucht.

Zur Untermauerung dieser neuen Sichtweise werden auf den folgenden Seiten Auszüge aus Werken führender Assyriologen zitiert und deren Übersetzungen der Inschriften angegeben. Es kann von meiner Wenigkeit kaum als anmaßend angesehen werden, dass ich eine neue Auslegung dieser Inschriften vorschlage, wenn man bedenkt, dass die daraus bereits gezogenen Schlussfolgerungen unklar und nicht überzeugend sind. Diesen Umstand erachte ich als einen Vorteil meinerseits und wage außerdem zu behaupten, dass die Entzifferer dieser Inschriften, wie auch schon andere vor ihnen, mitunter ‚den Wald vor lauter Bäumen nicht gesehen haben.'

Die Autoren, aus deren Werke ich zitiere, vertreten andere Ansichten als ich, und dies macht verständlicherweise jeden ihrer Beweise, der meine Sichtweise unbeabsichtigt unterstützt, umso überzeugender. Die Geschichte, die sie aus babylonischen Inschriften abgeleitet haben, beruht zugegebenermaßen lediglich auf Mutmaßungen und basiert auf einer bestimmten Hypothese, die einer von ihnen sogar als kaum vorstellbar bezeichnet hat. Somit ist es gut, dass eine andere Hypothese überprüft werden sollte, und ich behaupte, dass meine neue Darstellung der babylonischen Geschichte auf einer durchaus annehmbaren Version beruht.

Die folgenden Worte von Professor Sayce legen nahe, dass eine neue Auslegung willkommen sein sollte:

„Sowohl in Ägypten als auch in Babylonien sind wir daher auf die monumentalen Texte zurückgeworfen, die der Ausgräber aus der Erde geborgen hat und die der Entzifferer mit unendlicher Mühe und Geduld zusammengefügt hat. … Die Schlussfolgerungen, die wir ziehen, müssen größtenteils theoretisch und vorübergehend sein und können durch den Erwerb von neuem Material oder einer fachkundigeren Kombination von bereits Bekanntem überarbeitet und aktualisiert werden." (*The Religions of Ancient Egypt and Babylonian*, S. 3.)

Professor T. Eric Peet schreibt ebenfalls:

„Die Archäologie kann in keiner Weise als exakte Wissenschaft bezeichnet werden, das heißt ihre Schlussfolgerungen ergeben sich selten mit mathematischer Sicherheit aus ihren Prämissen, und in der Tat, jedoch nur allzu oft, steigen sie nicht über das Niveau von bloßen nebulösen Möglichkeiten von Wahrscheinlichkeiten hinaus. Dieser Stand der Dinge ist zum Teil auf die Natur des Themas zurückzuführen, aber auch, nach Meinung des Autors, auf die Tatsache, dass Archäologen bislang keinen Versuch unternommen haben, zu irgendeiner Übereinkunft über die Bedingungen zu gelangen die durch eine Reihe archäologischer Argumentationen befriedigt werden muss, damit sie Überzeugungskraft erlangt. Zweifellos sind wir alle daran schuld, und zu unserer Verteidigung kann nur angeführt werden, dass die ständige Anhäufung von neuem Material unser Augenmerk von einer wirklich kritischen Anwendung der bereits verfügbaren Beweise abgelenkt hat." (*Journal of Egyptian Archaeology*, 1922, Nr. 8.)

In diesem kleinen Werk wird weder frisches Material noch eine kunstvolle Kombination angeboten, sondern eine neue Zusammenstellung der bereits bekannten Sachverhalte über das alte Babylonien im Zusammenhang mit den Bibelaufzeichnungen, von denen ich behaupte, dass sie der Hauptschlüssel zum Problem der alten Zivilisation dieses Landes sind.

Ich wurde gebeten festzuhalten, dass der Rat der B.I.W.F. sich meinen Ansichten über die Präadamiten und die Sintflut nicht anschließt.

LISTE DER ABBILDUNGEN

11

SARGON DER PRÄCHTIGE

I—GROSSE FLUTEN SIND GEFLOSSEN

„Es kam zu großen Überschwemmungen
aus einfachen Quellen, und große Meere sind ausgetrocknet,
wenn Wunder von den Größten geleugnet wurden."

Es wurde einst konstatiert, dass nichts bewiesen werden könne, und das gilt sicherlich auch für die in diesem kleinen Buch dargelegte Theorie, jedoch hoffe ich mithilfe dieses Buches das Interesse des Lesers zu wecken, indem ich aufzuzeigen versuche, dass die im ersten Kapitel der in der Genesis erzählten Geschichten mit den Forschungen moderner Archäologen harmonieren und einen Schlüssel zur Behebung einiger ungelöster Problemen liefern.

Es war nicht einfach, die Masse der hier gesammelten Beweise zusammenzutragen, und eine gewisse Wiederholung von Argumenten und Fakten war unvermeidbar; dennoch wage ich zu glauben, dass nach einer sorgfältigen und aufgeschlossenen Betrachtung der vorliegenden Seiten zumindest einige meiner Leser davon überzeugt sein werden, dass diese mysteriöse Persönlichkeit, der große babylonische Monarch Sargon von Akkad, niemand anderes als der erste Mörder der Geschichte war – Kain. Indem ich aufzeige, dass Kain und Sargon ein und dieselbe Person waren, und so die heiligen und profanen Geschichten der antiken Welt miteinander verbinde, hoffe ich, die moderne Lehre zu widerlegen, dass die biblische Geschichte vom Garten Eden mythisch ist.

Bis heute haben die babylonischen Inschriften und Zeichnungen verhältnismäßig wenige Menschen interessiert, doch diejenigen, die meine Theorie akzeptieren, dass Sargon von Akkad – der darin eine so große Rolle spielt – Kain war, werden zustimmen, dass sie von universellem Interesse sein sollten; denn selbst wenn man diese toleriert, taucht aus der verworrenen Menge an Beweisen, die diese Inschriften und Zeichnungen liefern, eine gewaltige und unheimliche Gestalt auf, deren Einflussnahme auf die Menschheit die von allen anderen Charakteren in der weltlichen Geschichte bei Weitem in den Schatten stellt. Ich werde mich bemühen zu zeigen, dass Kains übermenschlichem Wissen die prähistorischen Zivilisationen zugeschrieben werden müssen, von denen heute bekannt ist, dass sie in verschiedenen Teilen der Welt existierten, ebenso wie die grausame Barbarei, die sie begleitete; und dass ihm auch die Einführung des Götzendienstes zugeschrieben werden muss – jener vergiftete Pokal, der ‚goldene Becher' von Babylon, der in alter Zeit ‚die ganze Erde betrunken machte' und dessen Abschaum noch immer die Macht hat, unter den Menschen Unheil anzurichten.

Obwohl moderne Gelehrte die Möglichkeit zu ignorieren scheinen, dass Kain die Geschichte der antiken Welt beeinflusst haben könnte, schlugen drei namhafte Schriftsteller (der heilige Judas, Josephus und Philo) zu Beginn der christlichen Ära vor, dass Kains Einfluss böse und dauerhaft war; während ein moderner Dichter uns daran erinnert, dass Kains Nachkommen auf dieser Erde mit ihrem tragischen Schicksal zurechtkommen müssen.

Lord Byron lässt Luzifer zu Kain sagen:

„Erstgeboren vom ersten Menschen
dein gegenwärtiger Zustand der Sünde – und du bist böse –
des Kummers – und du leidest – sind ebenso Eden.
Mit all seiner Unschuld im Vergleich zu das,
was du bald nicht mehr sein wirst;
und dieser Zustand wiederum
in seiner verdoppelten Niederträchtigkeit,
ein Paradies für das, was die Söhne deiner Söhne,
die sich über Generationen hinweg wie Staub ansammeln
(den sie tatsächlich nur vergrößern), ausharren und tun werden. –
Nun kehren wir zur Erde zurück!"

Und zurück zur Erde müssen auch wir kommen. Gedichte über Kain zu schreiben, ist eine Sache – ihn plötzlich in die weltliche Geschichte einzuordnen, oder dies zumindest zu versuchen, eine andere. Das vorliegende Buch ist unweigerlich kontrovers, und meine Aufgabe beim Schreiben war keine leichte, denn ich versuche sozusagen auf einem bereits besetzten Gelände zu bauen und das Gelände während des Bauens zu räumen. Wenn ich hinzufüge, dass es sich bei dem zu räumenden Gebäude im Klartext um bestimmte Auffassungen bekannter Schriftsteller handelt, werden meine Schwierigkeiten sicherlich voll zur Kenntnis genommen. Der Mut, der für ein solch gewaltiges Unterfangen erforderlich ist, rührt von meiner Überzeugung her, dass ich zwar die Ansichten ablehne, die ausschließlich auf modernen Entdeckungen basieren, meine Theorie jedoch nicht nur durch diese Erkenntnisse, sondern zusätzlich durch das Buch Genesis gestützt werden. Diese Überzeugung, die ich als meine Stärke betrachte, wird von manchen Menschen zweifellos als Schwäche angesehen werden; denn es ist mittlerweile Mode, die ersten Kapitel der Genesis zu verunglimpfen, die Möglichkeit ihrer göttlichen Inspiration außer Acht zu lassen, ihre historischen Informationen als märchenhaft zu behandeln und es für unintelligent zu halten, an etwas Wunderbares zu glauben.

Mitunter wird sogar von Geistlichen gelehrt, dass die alttestamentlichen Geschichten ihren Ursprung in den heidnischen Traditionen Babyloniens haben, doch ich beabsichtige aufzuzeigen, dass die Glaubensinhalte und Institutionen des alten Babyloniens sowie anderer Länder die historische Wahrheit der Bibel untermauern, anstatt sie zu diskreditieren.

Ich behaupte, dass wenn wir die biblischen Erzählungen nicht als wahre Geschichte akzeptieren, niemals in der Lage sein werden, ‚die Wahrheit zu erkennen, auch wenn wir stetig lernen.'

Die Männer, die diese Geschichten ignorieren, werden jedoch als Autoritäten akzeptiert; sie haben Gewicht und genießen öffentliches Gehör, und es mag in der Tat kühn erscheinen, ihre Schlussfolgerungen infrage zu stellen. Erfreulich für meine Theorie ist, dass diese Männer sich oft uneinig sind und zu jedem beliebigen Zeitpunkt Änderungen vornehmen müssen, um neuen Erkenntnissen gerecht zu werden. Beispielsweise hat Sir James Frazer kürzlich Zweifel an der vorherrschenden Meinung der Assyriologen geäußert, dass die babylonischen Mythen, auf denen die Genesis-Geschichten basieren sollen, von den ersten Bewohnern dieses Landes konzipiert wurden. Stattdessen schlug er vor, dass sie möglicherweise in Afrika entstanden sind, von dort nach Babylonien gekommen sind und später ihren Weg in die hebräische Literatur[1] gefunden haben. Diese Mutmaßung stützt er auf die jüngste Entdeckung, dass es unter den Stämmen des Tanganjika-Territoriums in Afrika Traditionen gibt, die an diese Schriften erinnern – etwa die eines Sündenfalls und eines Schlangenversuchers. Berücksichtigt man jedoch die Tatsache, dass heute davon ausgegangen wird, dass die frühesten Herrscher der ägyptischen Geschichte von Asien[2] nach Afrika gegangen sind, so ist es auf den ersten Blick gewiss viel wahrscheinlicher, dass diese Geschichten von ihnen nach Afrika gebracht und dort in die grotesken Traditionen der afrikanischen Stämme umgewandelt wurden.

Durch den Vergleich und die Gegenüberstellung der biblischen und babylonischen Geschichten und durch das Vorbringen neuer Beweise (oder zumindest Beweise, die bisher unbemerkt geblieben sind) hoffe ich aufzuzeigen, dass die biblischen Geschichten ihren Ursprung nicht in babylonischen Mythen und Legenden haben, sondern dass sie stattdessen wahre Geschichte sind.

---

[1] Gifford-Vortrag, Edinburgh. 21. November 1924.
[2] *Ancient Egyptians*, S. 150. Dr. Elliot Smith. *The Religions of Ancient Egypt and Babylonia*, S. 22. Professor Sayce usw.

Bevor wir in den babylonischen Inschriften nach Kain suchen, ist ein kurzer Bericht über diese Inschriften notwendig, über ihre Ankunft in England und Amerika und die Auswirkungen, die sie dort hervorriefen.

An der Stelle des Palastes von König Assur-bani-pal, wo einst die Stadt Sanherib, des Königs von Assyrien, gestanden hatte, wurden Tausende von Steintafeln gefunden. Auf einigen davon sind in Keilschrift mythologische Versionen der im Buch Genesis erzählten Geschichten über die Erschaffung der Welt, den Garten Eden und die Sintflut zu finden.

Der Entstehungszeitraum der Tafeln wird auf etwa 700 vor Christus geschätzt, und es wird angenommen, dass es sich um Kopien viel älterer Schriften handelt, die Assurbanipal aus allen Teilen seines Königreichs sammeln und in seiner Bibliothek aufbewahren ließ. Viele dieser Fragmente wurden gegen Ende des letzten Jahrhunderts nach England gebracht, und der verstorbene Mr. George Smith vom British Museum war der Erste, der diese ‚Genesis-Geschichten‘ transliterierte und der Öffentlichkeit bekannt machte.

Selbst wenn diese babylonischen Geschichten gefüllt sind mit Namen von Göttern und Göttinnen, ähneln sie in gewisser Weise denen in den ersten Kapiteln der Genesis so sehr, dass sie zunächst mit Freude als neuer Beweis für die Wahrheit der Bibelberichte aufgenommen wurden. Professor Kittel aus Leipzig schreibt:

„Als nun George Smith im Jahr 1887 das große Glück hatte, Keilschriftinschriften zu entdecken, die den Bericht über die Sintflut enthielten, kannte der Ausruf von Begeisterung jenseits des Ärmelkanals und des Atlantiks keine Grenzen. Predigten von der Kanzel und ganze Kolumnen aus der Daily Press waren gefüllt mit Berichten über die Entdeckung … jeder Zweifel des Skeptikers und jeder Hohn des Spötters, so dachte man, würden in Bezug auf die Bibel vollständig und unweigerlich zunichtegemacht werden."

Im Jahr 1903 schrieb er:

„Ein ganz anderes Bild bietet sich heute vor unseren Augen. Auf einen Zeitraum der Nüchternheit und in vielen Fällen der Depression folgte eine Zeit des Jubels und der Begeisterung. In der Familie der Orientalistik ist die Assyriologie der jüngste Vertreter. Aus diesem Grund ist es kein Wunder, wenn es den Vertretern des neuen Wissens in einzelnen Fällen nicht immer gelungen sein sollte, die kindliche Sensationslust abzuschütteln. Bislang interessierten sich Menschen für das Studium der Denkmäler in der Hoffnung Argumente für die Bibel zu finden: heute sehen die Zeitgenossen Nietzsches und Haeckels viel größere Erfolgsaussichten dahingehend, dass die Aufmerksamkeit auf die neue Wissenschaft gelenkt wird, wenn man erfolgreich Beweise sowohl gegen die Bibel als auch gegen das Christentum erbringt." (*Babylonian and Oriental Excavations*, Seiten 12-13.)

Dies ist gewiss eine schwerwiegende Anschuldigung, wenn auch im Ton leidenschaftslos. Professor Kittel war einer der ersten und schärfsten deutschen hochrangigen Kritiker: Sein Werk, *Die Geschichte der Hebräer*, wurde sogar von unserem eigenen höheren Kritiker Professor Kelly Cheyne als zu destruktiv angesehen. Die Tatsache, dass Professor Kittel nach der Analyse und dem Vergleich der biblischen und der babylonischen Version seinen Glauben an die göttliche Offenbarung der alttestamentlichen Geschichten bewahrte, dürfte bei den meisten Skeptikern Anklang finden.

Eine Überprüfung der babylonischen Geschichte über die Erschaffung der Welt zeigt die Berechtigung seiner Meinung, dass die Assyriologen, die zuerst vermuteten, dass der Autor der Genesis seine Ideen aus Babylonien übernommen hat, dieser These nicht so recht glaubten, sondern lediglich Werbung für ihren neuen Wissenschaftszweig machen wollten.

Professor Kittels Zusammenfassung der babylonischen Geschichte lautet wie folgt:

> „Als in der Höhe die Himmel noch nicht benannt waren
> und unten das Firmament noch nicht festgelegt war …
> sodann entstanden die Götter. …
> Am Anfang herrschten die turbulenten Wasser, Tiamat genannt.
> Diese waren die Feinde der Ordnung.
> Da die Götter daraus eine wohlgeordnete Welt erschaffen wollten,
> erhob sich Tiamat als Drache gegen sie.
> Unrühmlicher Schrecken erfasste die Götter,
> bis Marduk, der Gott der Frühlingssonne,
> den Kampf mit dem Monster und seinen Mitstreitern aufnahm.
> Er bezwang es, schnitt den Drachen in zwei Hälften
> und machte aus der einen die Himmel,
> aus der anderen in gleicher Weise die Erde,
> auf der er dann Tiere und Menschen hervorbrachte.“
> (*Babylonian and Oriental Excavations*, S. 39.)

Das Palaver, von dem diese Kurzfassung einen gewissen Eindruck vermittelt, ist in seiner Lächerlichkeit von der sogenannten sumerischen Geschichte der Erschaffung der Welt (die ebenfalls in Babylonien zu finden ist) gleichgesetzt, welche als Quelle der oben angeführten Variante und der gegebenen Version im Alten Testament angesehen wird.

Um den Unsinn der ‚sumerischen Version‘ der Schöpfung und Ähnliches zu verstehen, sollte Professor Leonard Kings Werk *Legends of Babylon and Egypt* analysiert werden. Die ersten Zeilen sind charakteristisch für alle ‚sumerischen‘ Schriften:

> „Als Anu, Enlil, Enki und Ninkharsagga
> die Schwarzköpfe (d.h. das Menschengeschlecht) erschufen,
> die Tiere, die vierbeinigen Kreaturen der Erde
> riefen sie kunstvoll ins Sein.“
> (*Legends of Babylonia and Assyria*, S. 56, L. King.)

Dass der erhabene Bericht über die Schöpfung in Genesis von solch gänzlichem Humbug inspiriert wurde, ist zweifellos undenkbar. Man sollte meinen, dass die vollkommene Übereinstimmung des Bibelberichts mit den Erkenntnissen der modernen Wissenschaft einen jeden Einzelnen davon überzeugen sollte, dass der Autor göttlich inspiriert war. Da diese perfekte Übereinstimmung nicht immer erreicht wird, wird das Thema in Anhang A behandelt.

16

Als Antwort auf Professor Delitzschs Unterstellung, dass der biblische Bericht über die Schöpfung lediglich eine Umgestaltung babylonischer Mythen sei und dass die Gottesvorstellung einiger israelitischer Schriftgelehrter von den babylonischen Gottheiten inspiriert sei, schreibt Professor Kittel:

„Des Weiteren muss unbedingt berücksichtigt werden, dass es psychologisch unvorstellbar ist, dass die niederen Formen der Religion, die leichtfertig als die ursprünglichen angenommen werden – wie Fetischismus, Totemismus, Animismus usw. – ohne die vorausgehende Vorstellung einer hinter ihnen stehenden höheren Macht, also von Gott selbst, entstehen hätten können. Dass ein Stock, ein Stein oder ein Tier als Gott angesehen werden könnte, kann keine primäre, sondern höchstens eine sekundäre Vorstellung gewesen sein. Es ist sicher, dass für den Urmenschen zunächst ein Stein ein Stein, ein Holz ein Holz und ein Tier ein Tier war, und er konnte mit eigenen Augen sehen, dass diese Dinge keine innewohnende Kraft hatten, um Leben zu erwecken, zu töten oder Wachstum hervorzubringen. Hatte er jedoch einmal die Vorstellung von ‚Gott‘ erlangt, konnte er diese im Laufe der Zeit leicht degenerieren lassen, so dass diese Macht, obwohl sie unsichtbar war, in seinem Geist mit sichtbaren Dingen wie Bäumen, Steinen oder Tieren in Verbindung gebracht wurde. … Um es mit den Worten des verstorbenen F. Max Müller zu sagen – Worte, die oftmals und regelmäßig mit Verachtung zitiert aber noch nie widerlegt wurden – ‚Der menschliche Geist hätte niemals die Idee von Göttern entwickelt, wenn er nicht zuerst die Vorstellung von Gott gehabt hätte.'" (S. 52.)

Professor Kittels abschließende logische Folgerung ist, dass die Bibel und die babylonischen Geschichten allesamt aus derselben Quelle stammen und einen gemeinsamen Ursprung haben, von dem aus sie in zwei Strömungen fortschreitend und einer eigenständigen Entwicklung unterworfen jeweils in einem Naturmythos und einer monotheistischen Religion mit ethischer Grundlage münden. Er beschreibt nachstehend einen Weg, wie den Angriffen auf den göttlichen Ursprung der Bibel erfolgreich entgegengewirkt werden könnte.

„Es gibt ein Problem, dessen Lösung den Keilschriftforscher durchaus belohnen würde, alle bisherigen Entdeckungen übertrumpfen und alle Desillusionen und falschen Schlussfolgerungen verzeihen würde. Es wäre die Entdeckung, dass es in der grauen Morgendämmerung der Geschichte wahrhaftig Menschen gab, die nach wie vor … das Erbe eines erhabenen Wissens über Gott besaßen, welches irgendwann der Menschheit vermittelt worden war. Denn dass Steine oder Bäume oder sogar tote Menschen in der Menschheit die früheste Ahnung von Gott wachgerufen oder geweckt haben sollen, können wir uns nicht einreden lassen, egal wie oft und wie laut diese Theorie vertreten wird." (*Ausgrabungen in Babylonien usw., S. 60.*)

Wie mir scheint, hat Professor Kittel den einzigen Weg gefunden, die Angriffe auf die Authentizität der Genesis-Geschichten zu widerlegen. Er hat erkannt, dass man in diesen skeptischen Tagen zur Untermauerung der biblischen Zeugnisse unbeabsichtigte Beweise aus alten heidnischen Denkmälern benötigte. Obwohl er anscheinend wenig Hoffnung darauf hatte, dass diese Beweise gefunden würden, behaupte ich, dass sie versehentlich entdeckt und fast kommentarlos übergangen wurden, weil ihre volle Tragweite nicht erkannt wurde. Die Tatsache, dass in Babylonien in der ‚grauen Morgendämmerung der Geschichte‘ Menschen existierten, die das Wissen über Gott besaßen, wird durch einige Keilschrifttafeln nachgewiesen, und ich gehe davon aus, dass deren Existenz Professor Kittel nicht bekannt war. Diese Inschriften ähneln stark der hebräischen Literatur und verraten das Wissen um Einen Gott, auch wenn sie unter Hunderten anderer Tafeln mit völlig polytheistischem Charakter gefunden wurden.

Assyriologen konstatieren, dass diese wenigen monotheistischen Inschriften (die an späterer Stelle aufgeführt werden) Kopien viel früherer Inschriften sind, die aus der Zeit vor 2000 vor Christus stammen. Weiterhin ist es bemerkenswert, dass die heidnischen Priester, die sie schließlich im siebten Jahrhundert vor Christus niederschrieben (und in einigen Fällen ihre Spuren hinterließen), es Assyriologen ermöglichten, an Beweismittel dafür zu gelangen, dass die Erkenntnis Gottes einst in ihrem Land existierte, auch wenn zu dieser Zeit Hunderte falscher Götter verehrt wurden. Wenn Professor Kittel sagt: „Dies ist eine Untersuchung, die mit historischen Mitteln nicht zu einem endgültigen Ergebnis kommen kann", so kann ich ihm nicht zustimmen. Mein Ziel besteht darin, zu zeigen, dass das Gegenteil der Fall ist und historische Mittel zur Verfügung stehen, wenn die babylonischen Inschriften neu ausgewertet werden; und die erste zu behandelnde Frage ist, wie die Erkenntnis Gottes nach Babylonien gelangte und wer sie dorthin brachte. Der Bibel entnehmen wir, dass die erhabene Erkenntnis Gottes von den Nachkommen Seths, dem dritten Sohn Adams und Vorfahren Noahs weitergegeben wurde; außerdem scheint es wahrscheinlich, dass dieses Wissen nach der Sintflut von Noahs Nachkommen in Nordsyrien aufbewahrt und Moses von seinem Schwiegervater Jethro, dem Midianiter, bekannt gemacht wurde, der scheinbar aus diesem Teil der Welt[3] stammte.

Sollte man meine neue Auslegung akzeptieren, so gibt es im Gegenzug dazu in den babylonischen Inschriften hinreichend Beweise dafür, dass der andere Wissensfluss von niemand anderem als Kain nach Babylonien gebracht wurde; dass es dort durch das System der Fabeln und Sagen überschattet wurde, das heute als Mythologie bekannt ist, und dass es Kain war, der dieses System hervorbrachte, indem er die ersten falschen Götter einführte.

Wenn diese neue Interpretation angenommen wird, haben wir handfeste Beweise dafür, dass eine der frühesten biblischen Figuren eine herausragende Rolle in der weltlichen Geschichte der Antike spielte, und wir können somit die Behauptungen zurückweisen, dass die ersten Kapitel der Genesis aus babylonischen Mythen abgeleitet seien. Wie die Teile eines Bilderrätsels liegen die Beweise vor uns – darauf wartend, zusammengesetzt zu werden. Ausgräber und Entzifferer haben die Teile des Puzzles zur Verfügung gestellt, doch es ist an uns, das Bild zu gestalten.

---

[3] *The Hittites*, S. 9. Dr. Crowley schlägt die Möglichkeit vor, dass die Midianiter der Bibel die Mitanni von Nordsyrien waren, die in den Amarna-Tafeln erwähnt werden. Höhere Kritiker geben die Wahrscheinlichkeit zu, dass Jethro Moses stark beeinflusst hat. Wir lesen: „Die Gesetzgebung zum Berg Sinai (Horeb), die offenbar einen sehr wichtigen Platz in der Tradition einnimmt ... ist eigentlich zweitrangig ... größere Bedeutung ist offensichtlich dem Einfluss des halbarabischen Jethro von Hobab zuzuschreiben." (*Ency. Brit.*, Ed. XI, „Moses.") Jethro, der Midianiter, wird auch Hobab, der Keniter, genannt, und wir lesen: „Abweichende Überlieferungen scheinen zu zeigen, dass die Keniter nur ein Zweig der Midianiter waren." (*Ency. Brit.*, Ed. XI, Kenites.)

III—EINE NOTWENDIGE ERKLÄRUNG

Zwei der jüngsten Autoren der babylonischen Inschriften unterstützen unabsichtlich Professor Kittels Meinung, dass die Genesis-Geschichten in ‚zwei Strömen' weitergegeben wurden, und auch meine Theorie, dass ein Strom durch die Nachkommen von Seth und der andere durch Kain in Babylonien existierte. Bevor ich deren Ausführungen zitiere, muss ich indes erklären, weshalb sie die ersten Besitzer des ‚sehr alten Wissens' Semiten nennen; denn wenn sie zur Familie Adams gehörten, sollten sie natürlicherweise nach ihm benannt werden und nicht nach Sem, der viel später lebte.

Die *Cambridge History* sagt uns, dass die Problematik des Begriffs ‚semitisch' spitzwinklig ist; sie sei

„eher bequem als wahrheitsgetreu und leitet sich von Sem ab, einem Sohn von Noah, dem Helden der Sintflut" (Vol. I, S. 184),

und dies ermöglicht keine Lösung des Problems.

Sicherlich ist der Gebrauch des Wortes verwirrend und nicht das Wort selbst, denn nichts könnte naheliegender sein als seine Deutung „im Zusammenhang mit Sem oder seinen offensichtlichen Nachkommen."[4] Warum bezeichnen Assyriologen beispielsweise Sargon von Akkad als Semiten, obwohl er monumentalen Beweisen zufolge etwa 3800 vor Christus lebte, demzufolge lange vor Sems Zeit? Die unklare Verwendung des Wortes ‚Semit' lässt sich auf zwei deutsche Professoren[5] zurückführen, die um das Jahr 1790 anregten, dass das Wort fortan ‚orientalisch' bedeuten sollte.

Bedauerlicherweise verwenden spätere Gelehrte, die sich dem deutschen Beispiel anschließen, das Wort ‚semitisch' zu einem Zeitpunkt (vornehmlich im Zusammenhang mit Sprachen) in der Bedeutung ‚orientalisch' und bei anderen Gelegenheiten mit einer Sinngebung, die in irgendeiner Weise mit Sem in Verbindung steht – zweifellos resultiert dies in Missverständnissen. Wenn Sargon, wie ich behaupte, Kain war, sollte man ihn vielmehr einen Adamiten als einen Semiten nennen, und seine Untertanen, die aufgrund der in den Inschriften gefundenen geografischen Bezeichnungen Sumer und Akkad von den Assyriologen[6] Sumerer oder Akkadier genannt werden, waren natürlich Präadamiten. Dichter und Maler haben dargestellt, wie Kain in Begleitung einer adamitischen Frau und Familie ins Exil ging, doch aus der Bibel entnehmen wir, dass Adam und Eva vor der Geburt Seths nur Kain und Abel hatten. Aus diesem Grund sind wir darauf vorbereitet, dass Kain sich bei einer nicht-adamitischen Rasse niedergelassen hatte, als er eine Stadt baute und eine Familie gründete; und wie wir noch sehen werden, beweisen moderne Entdeckungen dies.

---

[4] *Imperial Dictionary*.

[5] *Century Dictionary*, Semitic.

[6] Professor Waddell sagt, dass das Wort Sumer in Babylonien „ausschließlich als territorialer und nie offensichtlich als ethnischer Titel" verwendet wurde, und zitiert Professor Sayces Meinung, dass es dasselbe Wort wie Shinar (der biblische Name für Babylonien) war. *Asiatic Review*, April 1926.

IV—PRÄADAMITEN

An dieser Stelle wird ein weiterer Exkurs erforderlich. Es wird im Allgemeinen angenommen, dass die Bibel lehrt, dass Adam der erste Mensch war, aber in solch einem Fall würde sich das vierte Kapitel der Genesis stark selbst widersprechen, wobei dieses Kapitel (wie eine der neuesten Bibelanalysen zeigt)[7] eine ununterbrochene Erzählung beinhaltet. In diesem Kapitel sagt Kain:

> „Meine Strafe ist größer, als ich ertragen kann. …
> Siehe, am heutigen Tage hast du mich vom Angesicht der Erde vertrieben …
> und es wird geschehen, dass jeder, der mich findet, töten wird."
> (Autorisierte Version.)

Zumal der Bibel zufolge Kain und dessen Eltern zu dieser Zeit die einzigen Adamiten waren, muss dies hier so verstanden werden, dass er sich auf Präadamiten bezog – unbekannte Menschen, unter denen er vertrieben wurde; und uns wird gesagt, dass ihm zum Schutz vor diesen Menschen ein Zeichen auferlegt wurde. Dies zeigt, dass Adam zwar der erste Mensch war, dem Gott eine ‚lebendige Seele' einhauchte, jedoch war er nicht der erste Mensch auf der Erde.

Da Kain später eine Stadt gebaut und diese nach seinem ältesten Sohn benannt haben soll, muss er vermutlich die Vorherrschaft über diese Präadamiten erlangt haben, obwohl er allein unter ihnen war. Wenn, wie Professor Sayce es für wahrscheinlich hält, Babylonien das Land war, in das Kain reiste[8], und wenn, wie dieselbe Autorität nahelegt, die ersten Bewohner dieses Landes Schwarze[9] waren, dann ist es leicht, sich Kain vorzustellen, einen weißen Mann, der mit übermenschlichem Wissen und Körperbau begünstigt war und, durch einen göttlichen Talisman unverwundbar geworden, das Kommando über diese Präadamiten übernahm; und dass er dies tat, scheint durch die Tatsache nachgewiesen zu sein, dass er eine Stadt baute und sie nach seinem Sohn Henoch benannte.

Wir sehen also, dass die Bibel den Glauben an Präadamiten bestätigt und dass die ältesten Denkmäler der Welt darauf hindeuten, dass es sich bei ihnen um Schwarze handelte. Genau genommen bekräftigen sowohl die Bibel als auch die moderne Wissenschaft diese Annahmen. Indem die Bibel zeigt, dass nur acht Mitglieder der Rasse Adams in der Arche gerettet wurden, verlangt sie den Glauben an eine frühere schwarze Rasse, um die Existenz von Schwarzen in der späteren Geschichte zu erklären. Denn, wie der Prophet anmerkt, inwiefern konnte der Äthiopier, der seine Haut ebenso wenig ändern konnte wie der Leopard seine Flecken, von Noah abstammen?

---

[7] Dr. Mossat.

[8] Siehe S. 29.

[9] „Da jedoch M. Dieulafoys Ausgrabungen auf dem Gelände von Susa emaillierte Ziegel aus der elamitischen Zeit ans Licht gebracht haben, auf denen eine schwarze Rasse der Menschheit dargestellt ist, ist es möglich, dass die Urbevölkerung Chaldäas schwarzhäutig war." (*Hibbert Lectures*, S. 185, 1887.)

Die Entdeckung der elementaren körperlichen Unterschiede zwischen der schwarzen und der weißen Rasse hat der Wissenschaft den Trugschluss der alten Vorstellung aufgezeigt, dass beide einen gemeinsamen Ursprung[10] hätten und dass entweder die weiße Rasse aus der schwarzen Rasse hervorgegangen sei oder die Schwarzen sonnenverbrannte Brüder der weißen Männer gewesen seien.

Man könnte meinen, dass meine Behauptung, dass die schwarze Rasse vor Adam eine eigene Schöpfung war, der Aussage des heiligen Paulus widerspricht, dass Gott „alle Nationen der Menschen aus einem Blut gemacht hat." Demzufolge muss ich meine Überzeugung verdeutlichen, dass sich der Apostel ausschließlich auf weiße Menschen bezog – ich stelle die Behauptung auf, dass das Wort Mensch (in Genesis 2 gleichbedeutend mit Adam verwendet)[11][12] Adam von den Präadamiten unterschied und seine Nachkommen im Laufe der Geschichte kontinuierlich von der schwarzen Rasse abgrenzte. Nennen wir heutzutage jemals einen Negroiden einen Mann, ohne das Adjektiv ‚schwarz' zu verwenden? In Jesaja 46:8 (KJV) und 1 Korinther 16:13 (KJV) wird das Wort Mensch (men) zur Differenzierung verwendet; so wie wir sagen ‚wie ein Mensch', ‚ein Mensch sein' oder ‚er ist ein Mensch.'

Der Umstand, dass das Wort ‚Mensch' einen Denker[13] bedeutete, deutet darauf hin, dass die ‚lebendige Seele', die Adam eingehaucht wurde, ihn über eine bereits geschaffene Rasse erhob. In der Sanskrit-Literatur wird der erste Mann Manu oder Menu[14] genannt. Später wird sich zeigen, dass die Denkmäler meine Theorie stützen, dass das Wort ‚Mensch' die Rasse Adams von der der Präadamiten[15] unterschied.

Ebenso wie die Entdeckung, dass es zu Anbeginn der Geschichte[16] eine schwarze Rasse gab, das Zeugnis der Bibel stützt, dass Adam zwar der erste Mensch, aber nicht das erste menschliche Lebewesen war, so beweist die kontinuierliche Existenz dieser schwarzen Rasse, dass die Sintflut kein weltweites Ereignis war. Noahs Söhne waren zweifellos weiße Männer, demzufolge müssen die ‚Hamiten' späterer Tage das Ergebnis der Mischehe von Hams Familie mit einer schwarzen Rasse gewesen sein, die die Sintflut überlebt hatte.

In der biblischen Geschichte der Sintflut wurde die Sinngebung des Verfassers von den Übersetzern der autorisierten Version offensichtlich falsch ausgelegt.

---

[10] „In der Textur des Knochens, der Schädelstruktur, der Art der Asymmetrie des Körpers und den Charaktervariationen – in dieser und vielen anderen Aspekten gibt es Beweise für die tiefe Kluft, die den Neger vom Rest der Menschheit trennt." (*Ancient Egyptians*, Elliot Smith, S. 73.)

[11] „Adam bedeutet im Hebräischen wie im Assyrischen ‚Mensch.'" Sayce. *Das erste Buch Mose namens Genesis*. Anhang.

[12] *Century Dictionary*. Man.

[13] Professor Max Müller schreibt: „Mensch, eine abgeleitete Wortwurzel, bedeutet denken. Daraus haben wir das Sanskrit Manuk, ursprünglich der Denker, dann der Mensch." (*Lectures*, Vol. I, S. 425.)

[14] „Menu-Swayambhuva ist sicherlich Adam und er wird als Vorläufer mehrerer Generationen von Menu-Satyvrata beschrieben, der ebenso sicher Noah ist." (*Origin of Pagan Mythology*, Band II, S. 102, Faber.)
„Mens – unter diesem Namen verkörperten die Römer Intelligenz und Klugheit." (*Dictionary of Classical Antiquities*. Nettleship.)

[15] S. 114.

[16] Siehe S. 20 und *Ancient Egyptians*. G. Elliot Smith.

Das hebräische Wort *eretz* wurde von ihnen mit ‚die Erde' oder ‚die ganze Erde' übersetzt, was uns zu der Annahme veranlasste, dass die Bibel lehrt, dass die Sintflut universell war und jeden Menschen und jedes Tier auf der ganzen Welt auslöschte, mit der Ausnahme von Noahs Familie. Das Wort *eretz* bedeutet jedoch auch ‚Land', ‚Gebiet' oder ‚Bezirk' und wird in diesem Sinne in der Geschichte von Kain verwendet, der sagt:

> „Siehe, am heutigen Tage du hast mich vom Antlitz der Erde vertrieben …"

Das Wort *eretz* wird in diesem Satz von Ferrar Fenton übersetzt mit ‚dieses Land':

> „Siehe, am heutigen Tage du hast mich vom Antlitz dieses Landes vertrieben …"

und von Dr. Mossat mit ‚dieser Region':

> „Siehe, am heutigen Tage du hast mich aus dieser Region vertrieben …",

was sicherlich bessere Übersetzungen sind.

Ein Kommentator sagt über das Wort *eretz*:

> „Da es in vielen dieser Passagen so aussehen könnte, als wäre der bewohnbare Erdball gemeint, hätte die Verwendung eines so mehrdeutigen Begriffs wie ‚Erde' vermieden und das Original mit ‚Land' wiedergegeben werden sollen, wie in Levitikus 25 (KJV), Jesaja 23 (KJV), und anderswo." (Kittos *Cyclopedia of Bible Literature*. Earth.)

Bei genauerem Hinsehen ist erkennbar, dass der Verfasser der Genesis nicht die Absicht hatte zu lehren, dass die Sintflut ein weltweites Ereignis gewesen sei. Wäre diese universell gewesen, so wäre nur Noahs Familie der ganzen Welt erhalten geblieben, und somit wäre nicht nur die Existenz der schwarzen Rassen unerklärbar gewesen, sondern auch das Vorhandensein der Nachkommen der Prä-Noahischen Riesen (der Nephilim oder Monster), die zur der Zeit von Moses und Josua[17] in Palästina entdeckt wurden. Daraus können wir die Schlussfolgerung ziehen, dass, als Noah gesagt wurde, dass ‚alle Menschen' und ‚alles Fleisch' auf der ‚Erde' vertilgt werden sollten, sich dies ausschließlich auf die Adamiten und die Tiere in dem von ihnen bewohnten Gebiet bezog.[18]

Wilde Tiere wären in diesem Bezirk natürlich ausgelöscht worden, daher können wir auf das kuriose Bildnis jedweder Art von wilden Tieren verzichten, die in die Arche gelangen. Denn offensichtlich wurde Noah lediglich befohlen, die für die Menschheit nützlichen Tiere zu bewahren, die in dem von den Adamiten[19] besiedelten Gebiet verbleiben durften. Es ist sicherlich einfacher, diese Erklärungen der scheinbaren Widersprüchlichkeiten im Buch Genesis anzunehmen, als zuzulassen, dass die Bibel sich selbst widerspricht.

Es bleibt zu hoffen, dass dieser Exkurs seinen Zweck erfüllt und den Leser davon überzeugt, dass sowohl die Bibel und die Wissenschaft als auch der gesunde Menschenverstand die Hypothese rechtfertigen, dass Kain sich nach seiner Vertreibung aus dem Land seiner Geburt unter schwarzen Präadamiten im ‚Land Nod' (Babylonien) niederließ.

---

[17] 4. Buch Moses 13:33, Josua 12:4 und 13:12.
[18] Siehe Anhang A.
[19] Siehe Anhang B.

V—UNBEABSICHTIGTE UNTERSTÜTZUNG MEINER THEORIE

Die neuesten Autoren der babylonischen Inschriften unterstützen unbeabsichtigt meine Theorie, dass das Wissen, das Adam besaß, zwar in Seths Familienzweig erhalten blieb, und zwar in der Form, die uns aus der Bibel bekannt ist, von Kain hingegen nach Babylon gebracht und dort parodiert wurde. Im Sinne der Würdigung ihrer Unterstützung müssen wir in den folgenden Zitaten jedoch das Wort ‚Adamiten' durch das Wort ‚Semiten' ersetzen, denn die Autoren sprechen von Menschen, die vor Sem lebten und daher nicht genau als Semiten bezeichnet werden können.

Dr. Clay veröffentlichte im Jahre 1923 in Amerika ein Buch, in welchem er schreibt:

„Soweit ich weiß, haben Assyriologen die Idee, dass es eine gemeinsame semitische Tradition gab, die sich in Israel auf die eine und in Babylonien auf die andere Weise entwickelte, grundsätzlich ausgeschlossen. Sie haben vorbehaltlos erklärt, dass die biblischen Geschichten aus Babylonien übernommen wurden, wo sie beheimatet waren. Für mich erschien es immer durchaus sinnvoll, dass beide Geschichten einen gemeinsamen Ursprung bei den Semiten hatten, von denen einige nach Babylonien einzogen, während andere ihre Traditionen nach Palästina trugen." (*The Origin of Biblical Traditions*. A. T. Clay, S. 150, 1923.)

Professor Delaporte aus Paris, der die gleiche Meinung vertritt, veröffentlichte 1925 folgende Erklärung:

„Wenn die Theorie bestätigt wird, dass die ersten Semiten, die sich unter den Sumerern niederließen, ein aus der Gruppe der Westsemiten hervorgegangener Zweig waren … dann ist die panbabylonische These ganz und gar hinfällig. Die Zivilisation Israels würde dann nicht mehr voll und ganz die Zivilisation Babylons widerspiegeln; die im Buch Genesis bewahrten Traditionen wären keine Importe aus Chaldäa; das Gegenteil ist der Fall, denn es waren die Semiten, die diese Überlieferungen in der letzten Phase ihrer Ostwanderung den Sumerern präsentierten und letztgenannte diese Sitten und Gebräuche adoptierten." (*Mesopotamia*, S. 355.)

Es lässt sich kaum leugnen, dass diese Ansichten den Weg für meine Behauptung ebnen, dass Kain das Wissen (das er mit seinen Eltern teilte) nach Babylonien mitnahm und dass die Inschriften, die als Ursprung der Geschichten der Genesis galten, das Resultat sind. Sie stützen auch die Meinung von Professor Kittel, dass das Wissen, das den Menschen im Anbeginn übermittelt worden war, auf zwei Wegen weitergegeben wurde, einerseits durch die Hebräer und andererseits durch die Babylonier.

Meine Behauptung, Kain sei der große Sargon gewesen, über den die babylonischen Inschriften viel zu sagen haben, ruft selbstredend negative Kritik und Spott bei denjenigen hervor, die keine Verbindung zwischen der frühen babylonischen Geschichte und den ersten Kapiteln der Genesis sehen. Jedoch haben George Smith (der erste Entzifferer der Keilschriftinschriften) und Professor Sayce[20] den babylonischen Helden Izdubar oder Gilgamesch mit dem biblischen Nimrod identifiziert. Zumal Noah in der babylonischen Geschichte der Sintflut unter einem anderen Namen erscheint, kann es kaum als unglaubhaft angesehen werden, dass Kain auch in den Inschriften erscheint, da der Name Sargon, wie wir sehen werden, höchstwahrscheinlich das babylonische Äquivalent zu ‚König Kain' ist.

Professor King vertrat die Ansicht, dass die babylonischen und ägyptischen Legenden auf wahrer Geschichte beruhten; er schreibt:

„In vielen ihrer Legenden gibt es ein weiteres Element, das nicht aus den Augen verloren werden darf, und das ist das Substrat historischer Tatsachen, das der Geschichte zugrunde liegt und den Kern bildet, um den sie sich versammelt. Möglicherweise lassen sich Echos aus der Geschichte der fernen Vergangenheit aufspüren …" (*Books on Egypt and Chaldea*, Vol. 4, S. 198.)

Um zu Beginn ein gewisses Vertrauen in meine Theorien zu erwecken, erwähne ich hier schon einmal gewisse Anzeichen, die an späterer Stelle vollumfänglich ausgeführt werden. Wir beginnen mit Professor Sayces Ansicht, dass Kain die babylonische Stadt Unuk (Uruk), bzw. biblisch Erech, gebaut hat, und dies zeigt, dass nichts Unmögliches ist in meiner Ansicht, dass Babylon das biblische ‚Land von Nod' gewesen ist, zu dem Kain reiste und somit Kain diese babylonische Stadt gebaut hat, als auch die Tatsache, dass die Inschriften sagen, „Sargon habe dort regiert", hier fügen sich die Bauteile nahtlos zusammen.[21]

Gemäß einer anderen Autorität erschien die Zivilisation Babylons plötzlich und unerklärlich, so wie es für Kain möglich gewesen wäre dies zuwege zu bringen. Die Babylonier erzählen auf ihren Tontafeln, dass Sargon auf geheimnisvolle Weise in Babylon erschien, und sie sagen: „Er sei als junger Mann zuerst ein Gärtner gewesen und regierte in späteren Jahren über Völker, die genannt werden ‚die Männer der schwarzköpfigen Rasse bzw. die Schwarzköpfe.'"[22] All dies stimmt mit der Annahme überein, dass es Kain (der Ackerbauer) war, der sich unter den schwarzen Präadamiten niederließ.

Eine weitere relevante Tatsache ist, dass Sargons Sprache, das altertümliche Babylonisch, dem Hebräischen ähnelt, und dieses war höchstwahrscheinlich auch die Sprache Kains.

---

[20] In den *Hibbert Lectures*, 1887 (S. 8), sagt Professor Sayce: „Es gibt Grund zu der Annahme, dass George Smith Recht hatte, als er in ihm [Gilgamesch] den Prototyp des biblischen Nimrod sah." Er scheint jedoch seine Meinung geändert zu haben, denn in *Religions of Ancient Egypt and Babylonia* (S. 447) sagt er, dass Assyriologen ‚lange Zeit dazu verführt' wurden, Gilgamesch mit Nimrod zu identifizieren, aber dass „der babylonische Held nicht mit ihm, sondern mit dem griechischen Herakles verwandt war." Meine Vermutung ist, dass diese beiden heidnischen Helden Nimrod repräsentiert haben könnten, denn wie ich später zeigen werde, erscheinen die biblischen Charaktere in den Mythologien Babyloniens und Griechenlands unter unterschiedlichen Namen.

[21] *Cambridge History*, Vol. I, S. 404.

[22] *Hibbert Lectures*, 1887, S. 27. (Or The Black-heads.) Siehe S. 29.

Professor Sayce schreibt, dass „es eine semitische Sprache, die die engste Verwandtschaft mit dem alten Hebräisch aufweist gibt, und in dieser Sprache besitzen wir auch Aufzeichnungen, die älter sind als die der hebräischen Schriften. Ich brauche kaum zu sagen, dass ich mich auf Assyrisch [d.h. Babylonisch][23] beziehe." (*Hibbert Lectures*, S. 46.)

Aus den babylonischen Inschriften wurde Erstaunliches über Sargon zusammengetragen, und es wurde zumindest ein Porträt von ihm gefunden, das wie folgt beschrieben wird:

„Nur ein Skulpturendenkmal von Sargon wurde geborgen. Es handelt sich um einen großen dreieckigen Monolithen, der in Susa gefunden wurde. Der König hat nach semitischer Sitte einen langen Bart, der bis zur Taille reicht, sowie einen dicken Schnurrbart und sein langes Haar ist im Nacken zu einem riesigen Haarknoten zusammengerollt." (*Cambridge History*, Vol.1, S. 408.)

Professor King sagt, dass „falls irgendein Ereignis in der frühen babylonischen Geschichte als gesichert gelten muss, so ist es der historische Charakter von Sargon von Akkad (bzw. Agade). Sargons Herrschaft bildet die wichtigste Epoche in der Frühgeschichte dieses Landes." (*Sumer and Akkad*, S. 216.)

Dr. Hall schreibt:

„Wenige Monarchen des Altertums sind uns Heutigen, die interessiert sind an diesen Dingen, so bekannt wie Sargon von Akkad. Wir können sagen, dass für die Babylonier Sargon ihr Held aller Helden war, ihr Menes, Karl der Große oder Alfred der Große." (*Ancient History of the Near East*, S. 20-30.)

In der *Cambridge History* lesen wir:

„Der Ruhm des Sargon von Akkad war so groß, dass ein Gebirgszug im Libanon, aus dem man Weihrauch (Lupano) gewann, ‚die Berge Sargons' genannt wurden. Sargon teilte sein Imperium von dem unteren Meer (Persischer Golf) bis zum oberen Meer (Mittelmeer), von der aufgehenden bis zur untergehenden Sonne in Distrikte eines jeweils fünf Doppelstunden dauernden Marsches, die er durch ‚die Söhne seines Palastes verwalten ließ.' Durch diese Delegaten seiner Autorität beherrschte er die Massen dieser Länder." (Vol. I, S. 406.)

Mein Vorschlag lautet, dass diese ‚Söhne seines Palastes' Kains eigene Nachkommen waren und dass sie ihm dabei halfen, die niedere Rasse (die Präadamiten) zu regieren. Die Inschriften zeigen, dass Sargon gegen Menschen seiner eigenen Rasse[24] Krieg führte und Gefangene machte, mit denen er einige seiner Städte bevölkerte. Es ist wahrscheinlich, dass er adamitische Frauen hatte und dass einige dieser ‚Söhne seines Palastes' reine Adamiten[25] waren, wie auch die Denkmäler zeigen, dass sein Sohn Naram-Sin einer gewesen ist. (Siehe Abbildung S. 26.)

---

[23] „Üblicherweise wird es ‚assyrisch' genannt, nach dem Namen des Landes, in dem die ersten und wichtigsten Ausgrabungen durchgeführt wurden; aber der Begriff ‚babylonisch' wäre korrekter, denn Babylon war der Geburtsort dieser Sprache und der Zivilisation, zu der sie gehörte." (*Ency. Brit.*, Ed. XI. Semitic Languages.)

[24] *Sumer and Akkad*, S. 249. L. King.

[25] Siehe Anhang C.

Fɪɢ. 59.

Naram-Sin

Stele in Babylon gefunden

Siehe S. 25.

Fɪɢ. 44.

Sumerische Könige

Siehe S. 38.

Die obigen Abbildungen stammen aus Kings *History of Sumer and Akkad* (1910).

Wir lesen, dass Sargon

„erfolgreiche Expeditionen unternahm, und mit den eroberten Völkern dieser Länder bevölkerte er Akkad." (*Stories of the Nations:* Chaldea, S. 205. Ragozin.)

Professor King schreibt:

„In einigen Versionen seiner neuen Aufzeichnungen gibt Sargon an, dass ‚5400 Männer täglich vor ihm Brot aßen' … auch wenn die Zahl womöglich eine Vorstellung von der Größe von Sargons Hof vermitteln soll, können wir darin vielleicht eine nicht unzutreffende Aussage über die Gesamtstärke seiner Streitkräfte erkennen." (*Legends of Babylon and Egypt*, S. 9.)

Die folgenden Aussagen belegen den hochzivilisierten Staat Babyloniens zur Zeit Sargons von Akkad.

Die *Times History* sagt:

„Die babylonische Kunst war jedoch bereits auf hohem Niveau; zwei Siegelzylinder aus der Zeit Sargons gehören zu den schönsten Exemplaren der Edelsteinschleifkunst, die jemals entdeckt wurden. Das Reich war durch Straßen miteinander verbunden, entlang denen es einen regelmäßigen Postdienst gab, und im Louvre befinden sich heute Tonsiegel mit den Namen von Sargon und seinem Sohn, die die Briefmarken ersetzten. Offenbar wurde auch eine Katastervermessung durchgeführt. … Es ist davon auszugehen, dass die erste Sammlung astronomischer Beobachtungen und terrestrischer Omen für eine von Sargon eingerichtete Bibliothek erstellt wurde." (Vol. I, S. 362.)

Ein Zitat der *Encyclopedia Britannica*:

„Wir stellen außerdem fest, dass ‚durchsichtiges Glas offenbar erstmals unter der Herrschaft Sargons eingeführt wurde.'" (*Ency. Brit.*, Vol. 3, Ed. 2. Babylonia.)

Professor King schreibt:

„Die Babylonier teilten den Tag in zwölf Doppelstunden ein; und die Griechen übernahmen ihr altes System der Zeiteinteilung samt ihrer astronomischen Kenntnis und gaben sie an uns weiter." (*Egypt, Babylon and Palestine*, S. 18.)

Professor Sayce sagt uns:

„Jahrhunderte vor Abrahams Geburt (etwa 2000 vor Christus) war Babylonien voll von Schulen und Büchereien, von Lehrern und Schülern und Poeten und Prosaschriftstellern und von den literarischen Werken, die diese verfasst haben." (*Monumental Facts usw.*)

Sargons Seereisen sowie seine Eroberungen an Land werden später mit Worten von Assyriologen beschrieben, die sich gezwungen fühlen, alles, was die Inschriften über sie sagen, als Geschichtsschreibung zu akzeptieren, obwohl sie für diejenigen, die Sargon nicht mit Kain gleichsetzen, verständlicherweise als nahezu unglaublich erscheinen.

Die *Cambridge History* sagt:

„Es scheint unmöglich, die Reise von Sargon über einen Teil des Mittelmeers zu leugnen, und natürlich war Zypern sein erstes Ziel." (Vol. 1, S. 405.)

Ein Autor zitiert eine Inschrift, in der Sargon sagt:

„Fünfundvierzig Jahre lang [die Zahl der Jahre ist zugegebenermaßen nicht zu entziffern] habe ich das Königreich regiert und die Rasse der Schwarzköpfe (oder der Schwarzen) beherrscht. In Scharen von bronzenen Streitwagen durchquerte ich raue Länder. Ich regierte die oberen Länder (Assur usw.). Dreimal bis zum Meer bin ich vorgerückt." (Ragozins *Chaldäa*, Seiten 205-207.)

Ein anderer Autor bemerkt:

„Er soll auch erfolgreiche Expeditionen nach Syrien und Elam unternommen haben. Mit den eroberten Völkern dieser Länder bevölkerte er Akkad und baute dort einen prächtigen Palast und Tempel; einmal war er drei Jahre abwesend, als er zum Mittelmeer vordrang und … dort Denkmäler seiner Taten hinterließ und mit immenser Beute nach Hause zurückkehrte." (*The Worship of the Dead*, Colonel Garnier, S. 398.)

Es ist offensichtlich, dass kein gewöhnlicher Mensch, nicht einmal Karl der Große oder Alfred der Große, zu seinen Lebzeiten diese große Zivilisation hätte entwickeln können; und so sehen sich Assyriologen gezwungen, ihre Entwicklung der niederen Rasse zuzuordnen, unter der (den Inschriften zufolge) Sargon plötzlich ankam und über die er letztendlich herrschte.

Meine eigene Schlussfolgerung lautet, dass nichts Geringeres als Kains Ankunft in Babylonien, seine Langlebigkeit (eine Tradition besagt, dass er mehr als 700 Jahre lebte) und sein übermenschliches Wissen das Ausmaß der Errungenschaften erklären können, die Sargon zugeschrieben werden, sowie die fortgeschrittene Zivilisation und Kultur Babyloniens.

Der stärkste Beweis für die Identität von Sargon mit Kain stammt aus den babylonischen Inschriften und wird später gegeben, aber solide Gründe dafür werden von mehreren Autoritäten
geliefert, die diese Identifizierung nicht berücksichtigten; eine Tatsache, die ihr Zeugnis umso
wertvoller macht.

Zunächst einmal war die Stadt, von der wir im vierten Kapitel der Genesis lesen, von Kain im
‚Land Nod‘ erbaut worden, und er nannte sie ‚nach dem Namen seines Sohnes Henoch‘. Gemäß
Professor Sayce handelte es sich wahrscheinlich um die von ihm ausgegrabene babylonische
Stadt Unuk (Uruk) oder Erech.

„Sollte ich Recht haben, kann man die Stadt Unuk mit Henoch aus Genesis identifizieren,
die Stadt, die Kain zum Gedenken an seinen Sohn erbaut hatte." (*Hibbert Lectures*, 1887, S. 185.)
„Erech scheint schon in sehr früher Zeit eines der Zentren semitischen Einflusses in Babylonien gewesen zu sein." (*Hibbert Lectures*, 1887, S. 185.)

Die *Cambridge History* sagt über Sargon:

„Seine Karriere begann mit der Eroberung von Erech." (Vol. I, S. 404.)

Gründe für die Annahme, dass es mit dem Bau und nicht mit der Eroberung von Erech begann,
werden später angeführt. Die Tatsachen, dass Erech ‚die alte Stadt‘ und ‚der Siedlungsort‘ genannt wird (siehe S. 62), und dass laut Professor Sayce der Name ‚Unuk (Uruk)‘ auf den ältesten
Ziegeln[26] zu finden ist‘, helfen bei der Identifizierung Erech (oder Unuk) mit dem von Kain
erbauten Henoch.

Über die plötzliche und fast wundersame Ankunft von Zivilisation und Kultur in Babylonien
schreibt Professor King:

„Kurz gesagt, wir haben reichlich Überreste einer Bronzekultur gefunden, aber keine Spuren früherer Entwicklungszeiten, wie wir sie an frühägyptischen Stätten finden." (*Egypt, Babylon
and Palestine*, S. 28.)

Das steht natürlich im Einklang mit meiner Überzeugung, dass Kain, beschützt durch einen
göttlichen Talisman, plötzlich in Babylonien ankam und das von seinen Eltern erworbene übernatürliche Wissen mitbrachte. Ein Schriftsteller drückte sein Erstaunen über den hohen Grad
der Zivilisation und der Kultur aus, die bekanntermaßen in Babylonien zur Zeit Sargons existierte, und schreibt:

„Sicherlich hätte eine solche Nation nicht als Deus ex Machina entstehen können; diese
muss ihre Geschichte gehabt haben – eine Geschichte, die eine Entwicklung von mehreren
Jahrhunderten voraussetzt." (*Times History*, Vol. I, S. 356.)

---

[26] *Hibbert-Lectures*. Index.

Der Ausdruck ‚Deus ex Machina‘, den Dr. Brewer in ‚ein Eingreifen eines Gottes oder ein unwahrscheinliches Ereignis‘ umformuliert hat, ist im Zuge meiner Überzeugung erstaunlicherweise damit übereinstimmend, dass die babylonische Zivilisation auf das plötzliche Erscheinen Kains mit seinem wundersamen Wissen zurückzuführen ist.

Die ersten Adamiten waren vermutlich geistig und körperlich übermenschlich, was ihr hohes Alter erklären würde.

Wir können uns daher leicht vorstellen, wie schnell Kain (auf göttliche Weise beschützt durch ein mysteriöses Zeichen) zum Anführer, Lehrer und uneingeschränkten Herrn und Gebieter einer niederen Rasse werden würde. Zur Unterstützung dieser Vermutung schreibt Professor Sayce:

„Die Sklaverei war Teil der Grundlage der babylonischen Gesellschaft.“ (*Babylonia and Assyria*, S. 67.)

Das Bronzezeitalter Babyloniens, das so plötzlich und aus moderner wissenschaftlicher Sicht so unerklärlich kam, kann durchaus Kain zugeschrieben werden – insbesondere von denjenigen, die die ersten Kapitel der Genesis als Geschichte akzeptieren. Hieraus können wir schließen, dass die frühesten Adamiten ein umfangreiches Wissen besaßen, das jahrhundertelang aus den Augen verloren und erst in späteren Zeiten mühsam wiedererlernt wurde. Wie Dr. Kitto schreibt:

„Um den Garten Eden zu gestalten und zu bewahren, benötigte Adam nicht nur die notwendigen Geräte, sondern auch das Wissen über Abläufe zur Sicherung zukünftiger Produkte, die Nutzung von Wasser und die verschiedenen Pflanzen- und Baumschulungen.“ (Kittos *Cyclopaedia*. Adam.)

Dr. Kitto fragt, wie Adam die ihm zugewiesene Arbeit ohne eiserne Geräte hätte erledigen können:

„Eisen kann ohne Prozesse und Geräte nicht in einen brauchbaren Zustand gebracht werden. Man kann sich nur äußerst schwer vorstellen, dass man über diese ohne vorherige übernatürliche Kommunikation verfügt hätte. ... *Um Eisen herzustellen* (so der Fachausdruck), ist vorheriges Werkzeug aus Eisen erforderlich. ... Tubal-Kain lebte aller Wahrscheinlichkeit nach vor dem Tod Adams; und er erlangte Berühmtheit als ‚Hämmerer, ein universeller Handwerker in Erz und Eisen.‘“ (Genesis 4:22.) (Kittos *Cyclopaedia*. Adam.)

Wir gehen daher davon aus, dass Kain, der Vorfahre von Tubal Kain, das Wissen über Kunst und Handwerk nach Babylonien gebracht haben könnte. Der Versucher hatte Eva gesagt, dass die Frucht des Baumes der Erkenntnis sie und Adam zu ‚Göttern‘ machen würde; welche Grenzen können also ihren Fähigkeiten gesetzt werden? Entdeckungen zeugen davon, dass die Kultur Babyloniens zur Zeit Sargons ein sehr hohes Niveau hatte und dass die Kunst dieser Zeit alle spätere Kunst übertraf. Es gibt keine angemessene Erklärung für diese Tatsache, es sei denn, wir glauben, dass Sargon Kain war und er das übernatürliche Wissen seiner Eltern geerbt hatte.

In Bezug auf die Perfektion der frühesten Werke der babylonischen Kunst, die er der Herrschaft Sargons zuschreibt, sagt Professor Kittel, dass sie

„die Axt an das Dogma einer kontinuierlichen und ununterbrochenen Evolutionslinie legen"

und dass sie jede spätere babylonische Kunst und auch die der frühen griechischen Zeit bei Weitem übertreffen. Er beschreibt einige babylonische Werke und konstatiert:

„Die überraschende Feinheit der Ausführung, die edle Schönheit und Naturtreue, die diese Darstellungen auszeichnen, müssen jeden, der sie sieht in Verzückung versetzen; sie würden meiner Meinung nach dem Atelier eines Begas oder eines Dondorf Ehre erweisen … sie sind aus der Zeit Sargons I überliefert und gehören daher spätestens zum vierten, vielleicht sogar zum fünften Jahrtausend vor Christus. Das Material dieser Figuren besteht, wie durch eine gründliche chemische Untersuchung festgestellt wurde, aus einer Legierung aus Kupfer und Antimon." (*Babylonian Excavations usw.*, S. 22.)

Wie, fragt der Professor, können wir die Existenz dieser schönen Kunst im frühesten Babylonien erklären, und wie können wir die Tatsache erklären, dass eine

„Entartung stattgefunden haben muss – eine Art intellektueller Verarmung – eine rückläufige Bewegung und ein Abfall von einer früheren höheren Kulturstufe." (S. 26.)

Meiner Meinung nach wurde diese schöne und realistische Kunst von Kain eingeführt, und die Frage ihrer Degradierung wird an späterer Stelle diskutiert. Bedauerlicherweise besitzt das British Museum (soweit ich weiß) kein Beispiel für die wahre Kunst, die Professor Kittel beschrieben hat, denn alles, was wir dort finden, ist im üblichen priesterlich mokierten-antiken Stil.

Ein weiterer Hinweis auf die Identität Kains mit dem babylonischen Sargon ist die Tatsache, dass der Name unterschiedlich wiedergegeben wurde.

Sargon, Sargoni, Sarrukinu, Shargani usw. können vernünftigerweise als Synonym für ‚König Kain'[27] angesehen werden, wobei die erste Silbe Sar oder Shar ‚Herrscher oder König in Babylonien'[28] bedeutet und offensichtlich die Wortwurzel von Shah, Czar, Sahib, Sire, Sir usw. ist, während die zweite Silbe gon, gani, gina oder kinu dem Namen Kain sehr ähnlich ist.

George Smith schreibt:

„Einige der anderen Namen vorsintflutlicher Patriarchen entsprechen babylonischen Wörtern und Wortwurzeln, wie zum Beispiel Kain mit gina und kinu."[29] (*Chaldean Genesis*, S. 295. Frühe Ausgabe.)

---

[27] *Times History*, Vol. I, S. 373. „Shar-Kishati bedeutet König der Welt."
[28] *Altaic Hieroglyphics*, S. 59. Conder.
Laut Professor Waddell basiert die englische Sprache auf dem Babylonischen. (*Phoenician Origin of Britons.* 1926.)
[29] *Times History*, Vol. I, S. 373. „Shar-Kishati bedeutet König der Welt."

Offenbar haben wir darüber hinaus das Recht zu glauben, dass Sargons Datum, etwa 3800 vor Christus, mit dem von Kain übereinstimmt. Gemäß der Annahme von Erzbischof Ussher, die nie widerlegt wurde, wurde Adam um das Jahr 4004 vor Christus erschaffen, und er soll 930 Jahre gelebt haben. Kain wurde möglicherweise kurz nach 4004 vor Christus geboren und lebte eventuell, wie die anderen Nachkommen Adams vor der Sintflut, viele Hundert Jahre (einer Überlieferung zufolge lebte er 730 Jahre[30]). Dass Sargon lange lebte, belegen die Erzählungen über seine fantastischen Heldentaten und Reisen. Es scheint in der Tat angebracht, sich den babylonischen König mit Langlebigkeit ausgestattet vorzustellen; und dies würde ,die enormen Lücken' in der babylonischen Geschichte erklären, die Assyriologen mit zugegebenermaßen mutmaßlichen Königen und sogar Dynastien füllen.

Die großen Zeitalter der biblischen Patriarchen werden manchmal als fabelhaft behandelt, aber die Worte im sechsten Kapitel der Genesis – „Und doch werden seine Tage Hundertzwanzig Jahre sein" – scheinen anzudeuten, dass das menschliche Leben verkürzt werden sollte. Es gibt zwar keine Beweise dafür, dass die Menschen bis zu den in der Bibel erwähnten hohen Zeitaltern lebten, dennoch zeigt das ganze Gewicht der Tradition, dass sie es taten.

Die Götter und Halbgötter der Ägypter sollen nach Angaben der Priester viele Hundert Jahre gelebt haben; und um Professor Kittels Argumentation anzuwenden: „Hätten sie sich diese Langlebigkeit vorstellen können, wenn es sie nie gegeben hätte?" Obwohl bekannt ist, dass die Juden damals darüber stritten, ob es für alle Menschen üblich war, ein so hohes Alter[31] zu erreichen, stellten sie die Langlebigkeit der Patriarchen nie infrage.

Josephus (38 nach Christus) führt eine Liste antiker Autoritäten an, die der Ansicht waren, dass ,die Alten' fast tausend Jahre[32] lebten, und schlägt einen vernünftigen Grund für diese langen Lebenszeiten vor, indem er sagt:

„Und zudem gewährte Gott ihnen aufgrund ihrer Rechtschaffenheit und der sinnvollen Verwendungen, die sie aus astronomischen und geometrischen Entdeckungen machten, eine längere Lebenszeit. Hätten sie nicht 600 Jahre lang gelebt, wäre es ihnen nicht möglich gewesen, die Periode der Sterne vorherzusagen, denn in diesem Zeitraum endet das Große Jahr."

Als Antwort auf eine Anfrage im British Museum schrieb der Sekretär (unter Berufung auf Herrn A. C. D. Crommelin vom Stab des Astronomer Royal in Greenwich): „Es scheint, dass der von Josephus angesprochene 600-Jahres-Zeitraum aus zwei der akzeptabelsten Zyklen besteht, nämlich 300 Jahre für die Berechnung totaler Eklipsen. Wie die antiken Astronomen von diesen Zyklen Kenntnis erlangten, scheint unbekannt zu sein." Dieses alte Wissen kann daher nur in der von Josephus vorgeschlagenen Weise oder als direkte Offenbarung erklärt werden. Ein weiterer Grund für die Langlebigkeit der Patriarchen wird von einem Schriftsteller nahegelegt, der daran erinnert, dass Adam etwa 233 Jahre lang mit Methusalem zusammenlebte, dass Methusalem im Jahr der Sintflut starb und dass daher

---

[30] *Biblical Antiquites of Philo*, S. 78. Trans, von M. R. James. L.D. 1917.
[31] Kittos *Cyclopoedia of Biblical Literature*. Longevity.
[32] *Josephus*. Antiquities. Buch I, Kapitel 3, Teil 9.

„nur eine Person nötig war – der gottesfürchtige Methusalem –, um die heiligen hebräischen Aufzeichnungen von Adam, dem ersten Vater der Menschheit, an Noah, den zweiten Vater der Menschheit, weiterzugeben. Somit wird ein Zweck verdeutlicht, für den einige gottgefällige Leben vor der Sintflut so außerordentlich verlängert wurden." (*The Origins of the Bible*. Rev. A. B. Grimaldi.)

Auch die Chinesen haben Berichte über urzeitliche Langlebigkeit in ihren Aufzeichnungen. Ein Schriftsteller sagt:

„Ein seltsamer Vorfall ist, dass der Kaiser Ho-ang-ti, der nach der Chronologie Chinas ein Zeitgenosse des Patriarchen Reu [Abrahams Ururgroßvater] gewesen sein muss, als das Leben des Menschen auf etwa dreihundert Jahre verkürzt wurde, in einem medizinischen Buch, dessen Autor er war, eine Untersuchung vorschlug, aus der hervorgeht, dass das Leben ihrer Vorfahren besonders langlebig war im Gegensatz zu dem Leben der damals gegenwärtigen Generation." (*Prefaet. ad Sin. Chron. Couplet*, S. 5.)

Zudem wurde unlängst eine babylonische Königsliste gefunden, in der die Regierungszeiten der Könige fast genauso lang sind wie die Lebenszeiten Adams und seiner Nachkommen. Beispielsweise lebte Adam 930 Jahre (Genesis 5), während der erste König in der Liste 900 Jahre regiert haben soll. Seth lebte 912 Jahre, während König Zugagib 940 Jahre lebte. Enos lebte 905 Jahre, während Etana 635 Jahre regierte, und der achte König soll gar 1200 Jahre regiert und damit Methusalem übertroffen haben, der „nur" 969 Jahre lebte.[33]

Welche Erklärung kann es für die bemerkenswerte Ähnlichkeit zwischen der Regierungszeit der babylonischen Könige und dem Leben der biblischen Patriarchen geben, es sei denn, dass eine Liste von der anderen kopiert wurde oder, was noch wahrscheinlicher ist, dass es sich um unabhängige Aufzeichnungen derselben Persönlichkeiten handelt. Meine eigene Überzeugung ist, dass die sogenannte ‚Dynastieliste' lediglich ein verschleierter Hinweis auf das Alter der frühesten biblischen Charaktere ist – dass die verschiedenen Namen, die diesen Königen gegeben wurden, von den Priestern erfunden wurden, und dass es keinen Grund für die Schlussfolgerung gibt, wie es einige Autoren getan haben, dass diese Liste babylonischer Könige älter ist als die Bibelaufzeichnungen.

Ein Grund für diese Meinung ist, dass in dieser Liste der fünfte König (Etana) in den Himmel versetzt worden sein soll, was wie ein Echo der biblischen Geschichte von Henoch erscheint; und ein anderer ist, dass der zwölfte König Enmerkar die Stadt Erech ‚mit dem Volk von Erech'[34] gebaut haben soll, was, wenn Professor Sayce richtig damit liegt, Erech mit Henoch zu identifizieren, eine offensichtliche Anspielung auf Kains Bau dieser Stadt[35] ist. Professor King sah eine Verbindung zwischen Kain und Enmerkar, obwohl er sie nicht identifiziert, denn er schreibt:

„Unter anderem könnte Kains Städtebau mit dem von Enmerkar einhergehen." (*Legends of Babylon*, S. 38.)

---

[33] *Legends of Babylonia*, S. 24. L. King.
[34] *Legends of Babylon, Egypt usw.*, S. 35. L. King.
[35] Siehe S. 29.

Da ich glaube, dass Kain (d.h. Sargon) Erech gebaut hat, akzeptiere ich Colonel Conders Meinung, dass Sargon der erste König von Erech[36] war, und verwerfe Dr. Halls Meinung, dass Sargon einen ehemaligen König von Erech[37] namens Lugal-Zaggisi erobert hat.

Colonel Conder glaubt, dass Lugal-Zaggisi ‚der Große Herr (oder König) Sargina' bedeutete und dass beide Namen auf Sargon angewendet wurden, während Professor King aufzeigt, dass die gleichen Errungenschaften in den Inschriften sowohl Sargon als auch Lugal-Zaggisi zugeschrieben werden, und da er anscheinend Zweifel an der Richtigkeit der Berichte über die Heldentaten des Letzteren hegte, schrieb er auf einer Seite:

„Es ist wahr, dass es Shar-gani-sharri von Akkad zu einem etwas späteren Zeitpunkt gelang, ein Reich dieser Größe zu errichten, aber es gibt Schwierigkeiten, Lugal-Zaggisi eine ähnliche Großtat zuzuschreiben." (*Sumer and Akkad*, S. 198.)

Nachdem Dr. Hall Shar-gani-sharri und Sargon für zwei verschiedene Könige[38][39] hält, gibt Professor King mehrere Jahre später Gründe für seine Schlussfolgerung an, dass es sich bei ihnen um ein und dieselbe Person[40][41] handelt.

Diese Verwirrung resultiert (so behaupte ich) aus der Tatsache, dass die Babylonier die im Buch Genesis aufgezeichnete Geschichte arglistig verdreht und verfälscht haben, und weitere Beweise dafür werden später gegeben.

Die Bedeutung dieser ‚Königsliste' besteht aus meiner Sicht darin, dass sie zeigt, dass die Langlebigkeit der biblischen Patriarchen in Babylonien bekannt war, was dabei hilft, die Aussagen in Genesis zu bestätigen, und könnte den Skeptiker davon überzeugen, die Wahrscheinlichkeit zu akzeptieren, dass Kain im Jahr 3800 vor Christus, dem Sargon zugeschriebenen Datum, und Jahrhunderte danach lebte. Wenn man bedenkt, dass kein ägyptischer König mit Sicherheit vor der ptolemäischen Zeit (etwa 500 vor Christus) datiert werden kann, so ist es eine bemerkenswerte Tatsache und meiner Meinung nach eine Vorsehung, dass dieses sehr frühe Datum festgestellt werden konnte.

Professor Sayce schildert, wie er im Gegensatz zu seinen früheren Einschätzungen gezwungen war, die Beweise zu akzeptieren, dass Sargon von Akkad bereits im vierten Jahrtausend vor Christus lebte, und gibt an, wie diese Tatsache seine bisherigen Theorien ‚in ihren Grundfesten erschütterte'. Er schreibt:

---

[36] *The First Bible*, Seiten 217–218.
[37] *The Ancient History of the Near East*, S. 185.
[38] *The First Bible*, Seiten 217–218.
[39] *The Ancient History of the Near East*, S. 186.
[40] *Sumer and Akkad*, S. 221.
[41] Siehe Anhang D.

„Der letzte König von Babylonien, Nabonid, hatte einen antiquarischen Geschmack und beschäftigte sich nicht nur mit der Restaurierung der alten Tempel seines Landes, sondern auch mit der Ausgrabung der Gedenkzylinder, die ihre Baumeister und Restauratoren unter ihren Fundamenten vergraben hatten. Es war bekannt, dass der große Tempel des Sonnengottes in Sippara, wo heute die Hügel von Abu Habba seine Überreste markieren, ursprünglich von Naram-Sin, dem Sohn von Sargon, errichtet worden war, und es waren bereits Versuche unternommen worden, die Aufzeichnungen zu finden, die er vermutlich unter seinen Ecken begraben hatte. Mit wahrem antiquarischem Eifer setzte Nabonid die Suche fort … bis … er selbst auf den ‚Grundstein‘ von Naram-Sin stieß. Er erzählt uns, dass dieser ‚Grundstein‘ 3200 Jahre lang von keinem seiner Vorgänger gesehen worden sei. Nach der Meinung von Nabonid, einem König, der neugierig auf die Vergangenheit seines Landes war und dessen königliche Position ihm die bestmöglichen Perspektiven bot, alles Wissenswerte zu erfahren, was möglich sei, lebten Naram-Sin und sein Vater Sargon I 3200 Jahre vor seiner Zeit, also 3750 vor Christus." (*Hibbert Lectures*, 1887, S. 21.)

Der amerikanische Ausgräber H. V. Hilprecht schreibt:

„Nabonid, dem letzten chaldäischen Herrscher Babylons, gelang es, den Grundstein von Naram-Sin, dem Sohn von Sargon von Agade, ans Licht zu bringen, den 3000 Jahre lang kein früherer König gesehen hatte, und übermittelte uns durch diese Aussage die aufsehenerregende Nachricht, dass dieser große antike Monarch etwa 3790 vor Christus lebte, ein Datum, das durch meine eigenen Ausgrabungen in Nuffar vollständig bestätigt wird." (*Excavations in Assyria and Babylon*, S. 273.)

Seitdem diese Ansichten geäußert wurden, hielten es die Assyriologen für angebracht, dieses frühe Datum infrage zu stellen, und die Nachricht, die Professor Hilprecht aufschreckte, wird von ihnen verworfen. Professor King erklärt, dass, wenn man dieses Datum als zutreffend anerkenne, dies bedeuten würde, „enorme Lücken in der babylonischen Geschichte zu hinterlassen, die durch die Erfindung von Königen und sogar Dynastien nicht geschlossen werden konnten."[42] Meine Argumentation lautet, dass diese Lücken durch meine Theorie erklärt werden können, dass Kain viele Hundert Jahre in Babylonien regierte und ihm wahrscheinlich ein ebenso langlebiger Sohn folgte, denn Naram-Sin scheint fast so berühmt gewesen zu sein wie sein Vater und noch umfangreichere Eroberungen gemacht zu haben.

Andere Assyriologen, die bemüht sind, eine ununterbrochene Geschichte des alten Babyloniens zusammenzustellen, entscheiden sich dafür, Sargons Datum, 3800 vor Christus, zu verwerfen. In der neuesten Ausgabe des *British Museum Catalogue* lesen wir (Seiten 4-5):

„Heute geht man im Großen und Ganzen davon aus, dass die Schreiber von Nabonid entweder einen Fehler beim Abschreiben gemacht haben oder dass es sich um einen Fehler im Archetyp handelte; tatsächlich haben sie 3200 statt 2200 geschrieben. Wir können somit annehmen, dass Sargon zwischen 3000 vor Christus und 2700 vor Christus[43] regierte."

Glücklicherweise ist diese etwas verwirrende Aussage, die im Widerspruch zu meiner Theorie steht, nur eine Vermutung.

Es erscheint seltsam, dass Sargons Datum so leichtfertig diskreditiert wird, um Platz für mythologische Listen von Königen mit unglaubwürdigen Namen zu machen. In der *Times History* lesen wir:

„Unglückseligerweise bestehen diese alten Listen zum größten Teil aus Namenstabellen mit befremdlichen und ungewohnten Lauten. Für den durchschnittlichen Leser wirken diese Namen zwangsläufig abstoßend. Solche Worte wie E-anna-tum, Urumush oder Alusharshid, Samsu-iluna, Kadashman-Karbe können nicht anders als mystifizierend sein, wenn sie nicht mit einer anschaulichen Abfolge konkreter Ereignisse verbunden sind. Zum überwiegenden Teil sind die Namen dieser frühesten Herrscher Babyloniens nach dem gegenwärtigen Stand unseres Wissens bloße Namen mit nur hier und da einem Hinweis auf substanzielle Bedeutung. … Der gegenwärtige Kenntnisstand reicht keineswegs aus, um uns eine vollständige Liste der Namen dieser frühen Monarchen zu geben. Was auch immer heute über die frühbabylonische Geschichte geschrieben wird, muss dann naturgemäß morgen einer möglichen Überarbeitung

---

[42] *Sumer and Akkad*, S. 61. L. King. Es erscheint bemerkenswert, dass Professor King, der in diesem Werk ausführliche Listen sumerischer Könige veröffentlichte, deren mutmaßlichen Charakter auf diese Weise bezeichnet.

[43] Der Widerwille, Sargons frühes Datum zu akzeptieren, führt zu einiger Verwirrung. Professor Waddell sagt zum Beispiel in einer Fußnote: „der Gründer der 1. Sumer-Dynastie um 3100 vor Christus, der das Hakenkreuz benutzt und sich als Feuerpriester ausgibt, zeichnet oft seine Präsentation einer ‚Font-pan' oder ‚Font of the Abyss' … an verschiedenen Tempeln auf, die er errichtete. … Sargon I, um 2800 vor Christus, als Hohepriester, der das Hakenkreuz benutzt, bezeichnet sich selbst als ‚water libator' und Devotee Nu-iz-sir (= Nazir) Gottes." (*Phoenician Origin of Britons*, S. 273. 1925.) Wie viel einfacher ist es, beide Könige als einen zu betrachten.

unterzogen werden. ... In der Zwischenzeit, müssen wir uns mit den Einblicken hier und da in einer Epoche zufriedengeben, sowie dem hin und her zitieren eines Namens; was bestmöglich in ein paar dürftigen Kapiteln etwa drei- oder viertausend Jahre babylonischer Geschichte abdeckt." (Seiten 349-350.)

Seitdem dies geschrieben wurde, haben ein oder zwei Schriftsteller auf der Grundlage dieser verstreuten Namen verwegen sogenannte Geschichten über das alte Babylonien verfasst; eine eingehende Untersuchung zeigt jedoch, dass es keine zufriedenstellenden Aufzeichnungen über die Zeitspanne sowohl zwischen Sargon von Akkad und seinem Sohn als auch der Regierungszeit von Hammurabi gibt, der als der Amraphael aus Genesis 14:1 als Zeitgenosse Abrahams gilt.

Die lange Liste der imaginären Könige wirkt authentisch; dennoch stimme ich mit den Autoren[44] überein, die behaupten, dass einige dieser Namen (unter anderem Lugal-Kigub und Lugal-Zaggisi) lediglich andere Titel für Sargon sind.

Die Tatsache, dass diesen Königen in Inschriften die gleichen Errungenschaften zugeschrieben werden wie Sargon, rechtfertigt diese Schlussfolgerung. Ich gehe noch einen Schritt weiter und behaupte, dass der Großteil der Namen in diesen Listen bloße Erfindungen der babylonischen Priester[45] waren, die heute verwendet werden, um die ‚enormen Lücken' in der Geschichte zu schließen, die durch die immens lange Herrschaft von Sargon (Kain) und dessen Sohn entstanden sind. Ein führender Anthropologe bemerkte 1875:

„Es gibt große Lücken in unserem Wissen über die Geschichte der Menschheit, und es war der Menschheit zu allen Zeiten ein Vergnügen, diese Lücken mit Jongleuren und Kobolden zu füllen." (Col. Lane Fox, Präsident des anthropologischen Institutes, 28. Mai 1875.)

Die Könige, die uns von den babylonischen Priestern untergeschoben werden, ähneln mehr ‚Kobolden' als Menschen; als Beispiel hierfür ist das Porträt von Ur-Nina, dem König von Lagasch, mit seinen Söhnen abgebildet, Seite 26.

Ein neuerer Schriftsteller kommentierte die unbegründete Ablehnung von Sargons Datum, das von Nabonid bezeugt wurde, und argumentierte, dass dies

„den sehr schwerwiegenden Schritt [beinhalte], eine positive Aussage eines Königs zu verwerfen, der den Ereignissen, die er datierte, fast 2500 Jahre näherstand als wir und dessen Schriftgelehrte zweifellos Zugang zu Dokumenten hatten, welche sie zeitlich noch sehr viel weiter zurückführten." (*The Life of the Ancient East*, S. 107. J. Blaiklie. 1923.)

Da Sargons Datum mit meiner Theorie über Kain übereinstimmt, akzeptiere ich dies selbstverständlich gerne. Es mutet seltsam an, dass Assyriologen die Möglichkeit einer Verbindung zwischen Sargon und Kain ignoriert haben trotz der aufschlussreichen Tatsachen, dass Sargon regierte, als der Bibel zufolge Kain möglicherweise lebte, dass der Name Sargon ‚König Kain' bedeutet und dass das babylonische ‚Erech' wahrscheinlich die von Kain erbaute Stadt Henoch war.

---

[44] *Worship of the Dead*, S. 400. Garnier.
[45] Siehe Anhang D.

Es ist besonders seltsam, dass Professor Sayce, der Kains historische Realität stillschweigend zugibt, indem er vorschlägt, dass er diese Stadt gebaut hat, die Möglichkeiten übersieht, die dieser Vorschlag mit sich bringt. Kain wurde in der Atmosphäre der Wunder geboren und aufgezogen; seine Eltern verfügten über übernatürliches Wissen, von dem einiges an ihre Kinder weitergegeben worden sein muss. Sie waren auf Unsterblichkeit ausgelegt, und ihrer Langlebigkeit nach zu urteilen, muss ein Funke dieser Unsterblichkeit in ihren Nachkommen viele Jahrhunderte überlebt haben. Kains Anwesenheit würde daher den vernünftigsten Schlüssel zum Problem des alten Babyloniens bieten.

Die Geschichte vom Baum der Erkenntnis wird heute oftmals als eine Art Märchen angesehen, das auf babylonischen Legenden basiert und keiner ernsthaften Betrachtung würdig ist. Dieser Ansicht steht jedoch vehement die Tatsache entgegen, dass (wie wir später noch sehen werden) die Vorstellung vom Baum der Erkenntnis vor dem Jahr 2000 vor Christus zusammen mit anderen Details der biblischen Geschichte ihren Weg nach Babylonien fand, während die unsinnigen und paradoxen Anspielungen auf diese Geschichte in den babylonischen Inschriften nach vernünftigem Ermessen als nichts anderes als die mutwillig verfälschte Gestaltung der in der Bibel geschilderten Ereignisse angesehen werden können.

Sogar einige Denker, die die Wunder des Neuen Testaments akzeptieren, zweifeln an denen, die im Alten Testament beschrieben werden. Dr. Charles Gore, ehemaliger Bischof von Oxford, schreibt:

„Die christliche Religion hätte ohne Wunder oder den Glauben an Wunder nicht entstehen können, daher denke ich, dass wir heute rational zu der Annahme verleitet werden, dass sie tatsächlich stattgefunden haben und dass ohne solch eine Überzeugung die Gesinnung des christlichen Glaubens nicht Bestand haben würde."

Für die ersten Kapitel der Genesis hat er jedoch kaum Verwendung, wahrscheinlich wegen des darin enthaltenen übernatürlichen Elementes. Gemäß seiner Aussage

„sollten wir Adam und Eva nicht als historische Individuen betrachten, sondern als Mann und Frau – als Jedermann." (*Can We Believe?* Canon Gore.)

Ist es nicht ebenso rational zu glauben, dass die hebräische Religion mit den in der Genesis aufgezeichneten wundersamen Geschehnissen begann und dass es ohne diese Ereignisse überhaupt keine Religion gegeben hätte? Das Christentum begann, wie der heilige Augustinus (von Hippo) bemerkte, in der Genesis, und nach der Art und Weise zu urteilen, wie die Pioniere des Christentums sich auf das Buch Genesis beziehen, wurde seine Gesinnung von ihren Schriften inspiriert. Ist es daher vernünftig, eine Grenze zwischen den Wundern des Alten und des Neuen Testaments zu ziehen?

So, wie die wahre Religion Wunder als Grundlage benötigte, so tat dies meiner Meinung nach auch die falsche Religion Babyloniens, auf die wir im späteren Verlauf näher eingehen werden; und dies würde die obskuren Anspielungen in den babylonischen mythologischen Inschriften auf die im ersten Kapitel der Genesis beschriebenen wundersamen Ereignisse erklären.

XI—EINE UNWAHRSCHEINLICHE THEORIE

Bevor ich Beweise aus den babylonischen Inschriften vorbringe, um meine Theorie der Identität von Kain mit Sargon weiter zu stützen, muss das Gelände (um meine frühere Metapher weiterzuführen) geräumt werden, um den Aufbau dieser Theorie zu erleichtern. Mithilfe des Lesers (denn seine ganze Aufmerksamkeit ist hier gefragt) muss nun mit einem außerordentlich starken Hindernis umgegangen werden, denn wir stoßen auf die Theorie des Großteils der Assyriologen, die besagt, dass die alte Zivilisation Babyloniens, die ich Kain zuschreibe, von einer niederen Rasse namens Sumerer oder Akkadier entwickelt wurde, die gemäß Professor Sayce vermutlich Schwarze[46] waren.

Aus ihrem Studium der Denkmäler schließen Assyriologen, dass Babylonien ursprünglich von zwei Rassen bewohnt wurde, von denen die eine eine niedere und die andere eine überlegene weiße Rasse war, die ihrer Meinung nach schließlich über die niedere Rasse herrschte. Allerdings, und das ist der schwache Teil der Geschichte, vertreten sie die Meinung, dass es die niedere Rasse war, die die erstaunliche Zivilisation und Kultur des alten Babyloniens, die Kunst der Keilschrift und die Mythologie entwickelt hat; all dies wurde (so sagen sie uns) von der erobernden Rasse übernommen, die das Land bereits im dritten Jahrtausend vor Christus beherrschte und die zu den mächtigen Babyloniern wurde, die in der Bibel erwähnt werden.

Daher wird dieser niederen Rasse die Erfindung des mythologischen Schöpfungsberichts zugeschrieben, und ihre Götter sollen die Vorbilder sein, von denen die beschriebenen Charaktere der ersten Kapitel der Genesis ‚entstammen'.

Selbst Assyriologen, die diese Geschichte akzeptieren, sehen jedoch ihre Schwäche. Professor Sayce sagt:

> „Dies ist so erstaunlich, so widersprüchlich zu vorgefassten Meinungen, dass es von den führenden Orientalisten Europas lange Zeit zurückgewiesen wurde ... auch heute noch gibt es Gelehrte, und insbesondere einen, der selbst Erfolge in der assyrischen Forschung erzielt hat, die sich immer noch weigern zu glauben, dass die babylonische Zivilisation anfänglich die Schöpfung einer Rasse war, die längst in die hinterste Reihe des menschlichen Fortschritts geraten ist." (*Ancient History.*)

Professor King, der ebenfalls diese Theorie vertrat, gibt zu, dass die Denkmäler die Anwesenheit beider Rassen in Babylonien zu Anbeginn der Geschichte bestätigen; er schreibt:

> „Folglich macht es den Anschein, dass sowohl Semiten als auch Sumerer in der frühesten Zeit, von der Überreste oder Aufzeichnungen gefunden wurden, in Babylonien angesiedelt waren." (*Sumer and Akkad*, S. 53.)

---

[46] Siehe S. 20.

In diesem Fall sollten wir sicherlich bei der überlegenen Rasse nach den Urhebern der Zivilisation und Kultur suchen. Da diese Autorität die niedere Rasse als die Wegbereiter der babylonischen Zivilisation ansieht, glaubt er natürlich, dass die ältesten Götter zuerst dieser Rasse angehörten und in späteren Zeiten von der überlegenen Rasse, die sie besiegte, übernommen wurden.

Obwohl er selbst diese Meinung vertritt, gibt er offen zu, dass mindestens eine Autorität dagegen argumentiert hat, denn in den monumentalen Zeichnungen werden diese Götter als Ebenbild der höheren Rasse dargestellt, und konstatiert:

„Der Mensch formt seinen Gott nach seinem eigenen Bild, und es ist verwunderlich, dass die Götter der Sumerer nicht vom sumerischen Typus gewesen sein sollen." (*Sumer and Akkad*, S. 49.) (Siehe Abbildungen S. 124.)

Die Gründe, auf denen diese unglaubwürdige Theorie basiert, sind derartig undurchsichtig, dass einige Assyriologen die Existenz einer anderen Rasse außer der vermeintlichen semitischen Rasse, zu der Sargon gehörte, in Babylonien bezweifeln.

Sir James Frazier schreibt:

„Assyriologen sind sich keineswegs einig über die Besiedlung Babyloniens durch eine fremde Rasse vor der Ankunft der Semiten."

Dies kommt jedoch meiner Theorie entgegen, dass eine andere Rasse als die sogenannte semitische Rasse, zu der Sargon gehörte, zuerst in Babylonien lebte.

Ich betrachte diese Menschen als die Präadamiten, über die Kain herrschte, und der Umstand, dass alle Berichte über sie nur zaghafte Schilderungen sind, ist meiner Meinung nach nachvollziehbar, denn wenn sie eine niedere Rasse waren, wie wir aus der Bibel und den Denkmälern schließen sollten, hätten sie keinerlei Aufzeichnungen hinterlassen.

Alle ihnen zugeschriebenen Namen oder Handlungen wurden daher höchstwahrscheinlich von den späteren Geschichtsschreibern Babyloniens erfunden. Wie ein Autor sagt:

„Wir sind eingeschränkt, die Sumerer ausschließlich im Licht ihrer Nachfolger zu sehen." (*Times History*, Vol. I, S. 461.)

XII—DAS SUMERISCHE PROBLEM

Die Gründe dafür, warum Assyriologen annehmen, dass die niedere Rasse die antike Zivilisation Babyloniens entwickelt hat, scheinen zunächst folgende zu sein: Sargon, unter dessen Herrschaft diese Zivilisation existierte, hätte diese ihrer Meinung nach nicht hervorgebracht haben können, da ihre Entwicklung mehre Hundert Jahre angedauert hätte; dies ist eine sehr verständliche Schlussfolgerung, da Sargon nicht mit Kain gleichgesetzt wird; und zweitens sind die meisten Inschriften auf den Denkmälern in einem gemischten Dialekt verfasst, der wiederum der babylonischen Sprache sehr unähnlich ist, die von Sargon und späteren Babyloniern gesprochen wurde. Aufgrund des primitiven Stils des Großteils der Inschriften glauben die meisten Gelehrten, dass diese Sprache die der niederen Rasse war, und behaupten deswegen, dass die Zivilisation von Babylonien sowie die Keilschrift von ihr hervorgebracht wurden.

Diese Meinung ist unvereinbar mit meiner eigenen, nämlich, dass es eben Sargon (König Kain) war, der diese Zivilisation und Kultur erschuf; aus diesem Grunde muss ich, bevor ich meine eigene Theorie darlege, versuchen, dem Leser beide Meinungen möglichst kurz gefasst vorzustellen. Glücklicherweise existiert eine Assyriologen-Schule, deren Ansicht meine eigene unbeabsichtigt unterstützt. Diese Schule wird genannt: Halévyen, nach dem französischen Assyriologen Joseph Halévy. Die opponierende Schule ist bekannt als die sumerische Schule.

Es geht um ‚das sumerische Problem‘, und während wir uns damit befassen, müssen wir daran erinnern, dass das Wort ‚sumerisch‘ angewendet wird auf ein Volk, das ich als Präadamiten betrachte, und das Wort ‚Semit‘ wird angewendet auf Sargon und seine Rasse. Dieses sumerische Problem wird betrachtet als von vitalem Interesse für all diejenigen, die wünschen, mehr über die Geschichte des Babylons des Altertums zu erfahren.

Ein Unterstützer der ‚sumerischen Schule‘ schreibt:

„Nach einem langen Streit, der hauptsächlich von Philologen geführt wurde, wird heute allgemein anerkannt, dass die früheste Zivilisation Südbabyloniens auf ein nicht semitisches Volk, die Sumerer, zurückzuführen ist. Es scheint, dass diesem Volk die Ehre zugeschrieben werden muss, die Hauptmerkmale der mesopotamischen Zivilisation entwickelt zu haben, einschließlich der Erfindung des Keilschriftsystems." (*Ency. Brit.*, Ed. XI, Sumer.)

Die halévysche Schule hingegen vertritt die Ansicht, dass die Sprache der Inschriften lediglich eine Erfindung der babylonischen Priester späterer Zeiten ist und ‚nichts weiter als ein priesterliches System der Geheimschrift darstellt, das natürlicherweise auf der gemeinsamen phonetischen Sprache basiert‘. (*Times History*, Vol. I, S. 310.)

Gemäß Ansicht von Professor Halevy bezeugen die frühesten Schriftzeichen, aus denen die Keilschrift entstand, den semitischen Ursprung dieser Schrift und widerlegen

„vollständig die Hypothese der frühen Entzifferer, dass es auf babylonischem Boden vor den Semiten eine fremde Rasse namens Sumerer oder Akkadier gab, von denen die Keilschriftzeichen sowie die gesamte semitische Zivilisation Babyloniens stammte." (*Times History*, Vol. I, S. 310.)

Diese Meinung wurde von Professor Delitzsch und anderen deutschen Kritikern unterstützt und stimmt mit der Aussage von Professor Hugo Winckler überein, dass die babylonischen Inschriften dieselben Merkmale aufweisen wie das Latein der Mönche und die makkaronischen Zusammensetzungen, obwohl er konstatiert:

„im letzteren Fall sind die linguistischen Hybridisierungen (Vermischungen) oft humorvoll gemeint, aber das Mischlings-Sumerisch ist immer ernst." (*History of Babylonia and Assyria*, S. 14.)

Um eine Vorstellung davon zu geben, wie die sumerische Sprache gemäß Meinung des oben genannten Autors aussieht, zitiere ich das *Century Dictionary*, das die makkaronische Schrift folgendermaßen beschreibt:

„Charakterisiert ist Makkaroni durch die Benutzung vieler fremder, entstellter oder ausländischer Wörter oder Wortformen mit wenig Rücksicht auf Syntax, doch mit ausreichender Analogie zu gewöhnlichen Worten oder Konstruktionen, um verständlich zu sein oder zu scheinen."

Der ‚sprachwissenschaftliche Konflikt' besteht folglich darin: Die sumerische Schule behauptet, dass eine niedere Rasse namens Sumerer die Schrift usw. von Babylonien erfunden habe, die später von der überlegenen Rasse namens Semiten übernommen worden sei; auf der anderen Seite leugnet die halévysche Schule die Existenz der niederen Rasse insgesamt und beansprucht für die überlegene Rasse die Erfindung der babylonischen Schrift, Zivilisation und Kultur.

Eine Möglichkeit, diese Meinungen miteinander in Einklang zu bringen, bietet meine Theorie, dass die primitive Sprache die der Präadamiten ist, zu denen die Sumerer gehören und deren Existenz wir aus der Bibel ableiten. Die überlegene Sprache war die Sprache Kains (Sargons); und diese beiden Sprachen wurden von den Priestern Babylons in eine Art geheimen Dialekt (Makkaroni) vermischt.

Aufgrund der scheinbar primitiven Sprache, in der die meisten Inschriften verfasst sind, geht die sumerische Schule davon aus, dass bestimmte Versionen der Schöpfung, des Sündenfalls und der Sintflut aus der Zeit vor Sargon von Akkad stammen und das Werk der ‚Sumerer' seien. Diese Berichte sollen die Urformen sein, auf denen sowohl die Bibel als auch die babylonischen Geschichten basierten.

Wie wir gesehen haben, ist diese Meinung umstritten; doch 1916 verkündete Professor King seine Überzeugung, dass die Kontroverse zugunsten der sumerischen Schule beigelegt werden müsse, da in Nippur in Babylonien Unmengen von Tafeln gefunden worden seien, die fast ausschließlich in ‚sumerischer' Sprache verfasst waren.

Dies rechtfertigt jedoch kaum seine Schlussfolgerung, wenn man bedenkt, was ein anderer Assyriologe schreibt:

„Nichts, was in Nippur gefunden wurde, kann mit Sicherheit auf eine Zeit vor 2500 vor Christus datiert werden." (*Religion of Babylonia and Assyria*, S. 595. M. Jastrow.)

Denn in diesem Fall hätten die ‚Semiten', von denen bekannt ist, dass sie vor diesem Datum in Babylonien waren, bereits das ‚priesterliche Kryptogramm' erfunden, das Professor Halévy für die ‚sumerische Sprache' hält. Professor King scheint seine eigene Schlussfolgerung außer Acht zu lassen und die von Professor Halévy zu unterstützen, indem er sagt, dass Hunderte der babylonischen Tafeln mit ‚grammatikalischen Zusammenstellungen' und Listen sumerischer Wörter versehen sind, zusammen mit ihren Übersetzungen in die babylonische Sprache. Seines Erachtens lasse dies erkennen, wie sorgfältig die babylonischen Priester die primitive sumerische Sprache studiert hätten. Er schreibt:

„Der verstorbene Sir Henry Rawlinson kommt zu der richtigen Schlussfolgerung, dass diese merkwürdigen Texte in der Sprache einer Rasse verfasst wurden, die vor den Semiten Babylonien bevölkert hatte, wobei er die Wortlisten als frühe Wörterbücher erklärt, die von den assyrischen Schriftgelehrten zusammengestellt wurden, um ihnen das Studium dieser alten Sprache zu erleichtern." (*Sumer and Akkad*, S. 4.)

Professor Jastrow hält fest:

„Viele dieser Schriften wurden in einer sumerischen Version verfasst, obwohl sie von Priestern stammten, die Babylonisch sprachen." (*Religion of Babylon and Assyria*, S. 279.)

Es erscheint einleuchtend, dass die Schriftgelehrten, die die primitive Sprache auf diese Weise studierten, allem Anschein nach mit der Absicht, sie wiederzubeleben, so viel oder so wenig davon in ihre Inschriften einfügen konnten, wie sie wollten. Es ist nicht ausgeschlossen, dass diese vergleichsweise neu entdeckten Inschriften ihre neuesten Interpretationen sind und nicht das Werk der Ureinwohner Babyloniens.

Professor Sayce vertritt die Meinung, dass die Bibel und die babylonischen Geschichten ihren Ursprung bei den ‚Sumerern' haben, und dennoch gibt er zu, dass diese Erzählungen über Generationen von babylonischen Priestern an uns weitergegeben worden sind.

Er schreibt in Bezug auf die sumerische Schöpfungsgeschichte:

„Ihr Alter zeigt sich durch den Umstand, dass es in der alten Sprache Sumers verfasst ist … aber es ist spürbar, dass das alte Gedicht von der Priesterschaft Babylons abgeändert und neu herausgegeben wurde … der Schöpfergott Ea wurde durch Merodach ersetzt. … Es besteht die Möglichkeit, dass selbst das alte kosmologische Gedicht von Eridu durch die Theologen Babylons verändert wurde im Sinne der Erfordernisse einer Theologie, die aus einer Verschmelzung sumerischer und semitischer Vorstellungen resultierte." (*Religion of the Babylonians*, S. 379.)

Eigenartig ist, dass der Professor von der ‚sumerischen' Urheberschaft dieser Geschichte überzeugt ist, obwohl er ihre Verkünstelung erkennt. Für mich ist es lediglich eine der verfälschten Versionen der Schöpfungsgeschichte, die von den babylonischen Priestern aus der Zeit Kains überliefert wurden.

Es ist durchaus ein Fingerzeig für die Halévyan-Theorie, und übrigens auch für meine, dass, falls eine von ihnen angenommen wird, die vermeintlichen sumerischen Inschriften als nichts anderes als die unsinnigen Erfindungen der heidnischen Priester angesehen werden können, und vermutlich als Teil eines Plans, die Nachwelt zu mystifizieren.

Wie bereits angedeutet wurde, wäre es erfreulich, wenn die sumerische Schule die halévysche Theorie, dass die Sprache der Inschriften ein Kunstprodukt der Priesterschaft Babylons ist, akzeptieren würde; und im Gegenzug dazu dann die Haléyianer die Theorie der sumerischen Schule akzeptieren würde, dass der primitive Dialekt tatsächlich eine Sprache ist, so wie ich es zu betrachten neige. Somit können dann ihre Ansichten versöhnt werden und zu meiner Theorie passen, die lautet: Kains Sprache[47] war die überlegene Sprache (diese Sprache war dem Hebräischen sehr ähnlich), und die unterlegene, primitivere Sprache war die der Präadamiten. Derartige Zugeständnisse wären auch nicht unvereinbar mit der Wissenschaft der Philologie. Nach sorgfältiger Erörterung beider Seiten des sumerischen Problems schreibt ein amerikanischer Professor:

„Die semitischen Priester und Schriftgelehrten spielten mit und an den sumerischen Redewendungen und verwandelten die ursprünglich agglutinierende Sprache in eine Sprache, die Halévy und seine Anhänger fast berechtigte, das Sumerische als Kryptogramm zu bezeichnen." (J. Dyneley Prince, Professor of Semitic Languages, Columbia University. *Ency. Brit.*, Ed. II, Sumer.)

Professor Prince' Bemerkungen zeigen, dass er der halévyschen Schule zustimmen würde, dass die Sprache der Inschriften ein Kunstprodukt der Priester ist zum Zwecke der Mystifikation; wäre da nicht die ihn unbefriedigende Tatsache, dass der unterlegene Teil der Inschriften-Sprache keine wirkliche Sprache war, die einst in Babylon gesprochen wurde. In dieser Hinsicht findet der Professor keine zufriedenstellenden Antworten und gibt dann das Problem schließlich ungelöst auf.

Doch das ‚sumerische Problem' kann zweifellos gelöst werden, falls man meine Theorie hinsichtlich Kain und die Präadamiten akzeptiert, und da ‚das Beweismaterial einer Theorie mit der Anzahl der Tatsachen, die sie erklärt, zunimmt', spricht vieles dafür.

Es ändert wenig an meiner Theorie, ob die primitive Sprache der babylonischen Inschriften den Präadamiten gehört oder von den Priestern erfunden wurde; diese Frage überlasse ich den Philologen. Was aber eine wichtige Rolle spielt, ist die von beiden Schulen, von der sumerischen und halévyschen Schule, gemachte Entdeckung, dass die Schreiber der Inschriften sich dazu entschieden hatten, die primitive Sprache mit ihrer eigenen Sprache zu vermischen.

Indem sie dies taten, machten sie ihre Schriften unverständlich und unterstützen damit meine Theorie, dass sie absichtlich deren Bedeutung verbargen.

---

[47] Wie wir gesehen haben, ähnelte die Sprache Sargons dem Hebräischen. Siehe S. 24.

XV—DIE GROSSE VERSCHWÖRUNG

„Babylon war – und ist – ein goldener Pokal in der Hand des Herrn, der die ganze Erde trunken machte; die Völker haben von seinem (Babylons) Wein getrunken, darum sind die Völker rasend geworden." Jeremiah 51:7.

Ich verfolge das Ziel, den Leser dahingehend geistig zufriedenzustellen, dass es keinen Beweis dafür gibt, dass die babylonische Zivilisation von einer niederen Rasse hervorgebracht wurde. Damit ist der Boden bereitet für den Aufbau meiner Theorie, dass Kain identisch war mit Sargon von Akkad und dass sowohl der Glanz als auch die ewige Schande des altertümlichen Babylons Kains übermenschlichem Wissen von Gut und Böse, von Richtig und Falsch, zugeschrieben werden müssen.

Verwirft man die Lehre der sumerischen Schule, dass die niedere Rasse Babyloniens gradweise (vermutlich aus Stöcken und Steinen) die frühesten Götter und Göttinnen hervorbrachte, so erscheint es doch vernünftiger, Kain als ihren Urheber zu betrachten; denn, so auch die Argumentation des deutschen Professors Kittel, die Idee falscher Gottheiten kann zunächst nur jemandem in den Sinn gekommen sein, der das Wissen von dem Einen Gott hatte; und weil, wie ich später noch aufzeigen werde, die ältesten Götter Anu und Ishtar Repräsentationen von Adam und Eva sind und sie zuerst in Erech oder Unuk (wahrscheinlich der von Kain erbauten Stadt)[48] verehrt wurden, deuten hier alle Fakten auf diese Schlussfolgerung hin.

„Es gibt einige Gründe für die Annahme, dass der älteste Sitz und möglicherweise der ursprüngliche Sitz des Anu-Kultes in Erech war, da dort der Ishtar-Kult seinen Anfang und Aufstieg nahm." (*Ency. Brit.*, Ed. XI, S. 113.)

Dies bestätigt auch die Aussage von Professor Sayce, dass eine Astrotheologie am Hof von Sargon heranwuchs, in der die Himmel usw. zwischen Anu, Ea und Bel aufgeteilt wurden, die ich als Vertreter von Adam, Eva und dem Teufel[49] betrachte. Wenn Kain Sargon war, findet die Aussage des heiligen Johannes, er sei „von dem Bösen"[50], eine bemerkenswerte Unterstützung in den babylonischen Inschriften, in denen Sargon ‚der Sohn des Teufels' genannt wird, wie im Folgenden:

„Der göttliche Sargani, der ruhmreiche König, ein Sohn von Bel dem Gerechten, der König von Agade und der Kinder von Bel." (*The First Bible*, Colonel Conder, S. 220.)

Bel, der ‚Herr der Unterwelt', wird in den Inschriften alternativ Mul-lil und Enlil genannt, und auf Sargons Loyalität zum Teufel mit dem letztgenannten Namen (Enlil) wird in einer Inschrift auf einer Vase aus weißem Kalzit Gestein angespielt, und zwar wie folgt:

---

[48] Siehe S. 29.
[49] *Hibbert Lectures*, 1887, Seiten 400-402.
[50] 1 Johannes 3:12.

„An den Gott Enlil, den König aller Länder, König Sargina, König von Erech, der Weltkönig, der Prinz Gottes, der mächtige Mann, der gehorsame Sohn des Gottes Ea … der große Herrscher oder auch Patesi[51] der Priesterkönig des göttlichen Königs aller Länder (der gesamten Erde), sorgfältig zuhörend dem Gott Enlil … geworden zum einzigen Herrscher von Erech, anrufend Nina, die weithin berühmte Herrscherin von Erech, durch die mächtige Hilfe seines Gottes, am Tag als der Gott Enlil die Gnade der Königsherrschaft Sargina gewährte, ihm zugewiesen im Angesicht der Welt, die Menschenmengen der Länder ihm gehorsam, vom Osten bis zum Westen. Er hat durch Eroberungen jedes Land hinzugefügt, er hat den hohen Ort (Berggipfel), die Höhen Erechs zu einem Schrein Eas gemacht." (*The First Bible*, Colonel Conder, S. 219.)

Der Beweis, dass die Namen Nina, Ea und Ishtar andere Namen sind für Eva, die Gefährtin Adams, wird später erbracht. Colonel Conder gibt uns in *The First Bible* eine weitere Inschrift, die von Sargon stammt, Zitat:

„König Sargina, König von Erech, der die Welt überwältigte … hat in diesen Tagen einen Tempel für den Gott Enlil, den König aller Länder, errichtet, um Enlil anzubeten, den König aller Länder sein ganzes Leben lang. … Möge das Auge der Welt von nun an diesen beliebten Ort erblicken und Wohlstand soll dauern viele Jahre." (S. 218.)

Wenn diese Worte nicht als Huldigung an den ‚Fürsten dieser Welt‘ durch König Kain gedacht sind, ist es schwierig, sich irgendeine Bedeutung darin vorzustellen. Es werden weitere Gründe für die Annahme angeführt, dass Kain der menschliche Urheber des Götzendienstes war, sein Anstifter jedoch ‚der Fürst der Dunkelheit‘ gewesen sein muss. Welche größere Beleidigung als die Anbetung falscher Götter hätte dem Schöpfer Gott durch den in Ungnade gefallenen Engel und den ausgestoßenen Mann, Kain, zugefügt werden können? Wie Robert Browning schrieb:

„Beachten Sie, dass der Höhepunkt und die Krönung der Dinge ausnahmslos darin bestehen, dass der Teufel persönlich erscheint – bewaffnet und ausgerüstet mit Hörnern, Hufen und Schwanz."

Auch ist es sicher, dass diese Merkmale unzertrennlich sind von der babylonischen Religion, denn in ihren Zeichnungen werden alle ihre Götter und Helden gezeigt mit Hörnern, Hufen oder Schwänzen.[52] (Siehe Abbildung S. 50.)

---

[51] Priesterkönig (patesi). *Cambridge History*, Vol. I, S. 148.
[52] Der Mondgott Sin, der in Inschriften mit En-lil oder Bel verwechselt wird, wird genannt: „The Uplifter of Horns." (*Hibbert Lectures*, 1887, S. 128.)

Demnach wage ich zu denken, dass auf diese gerissene, durchtriebene Art eine große Verschwörung ausgedacht wurde, um die Seelen von Menschen zu fangen. Die Menschheit, bzw. Adam und seine Söhne, hatte bereits die Unsterblichkeit des Körpers verwirkt, aber die Seelen waren immer noch frei darin, aufzusteigen in den Himmel zu Gott; einmal aber gefangen im babylonischen System, wurden ihre Seelen betäubt mit Drogen jeder Art, mit Lügen und mit Lockungen und verrückt gemacht mit dem Wein aus dem goldenen Pokal Babylons, bis auch die Seele ihr ewiges Leben verwirkt hat.

Das Neue Testament gibt ein düsteres Bild von Kains Anhängern. Die Monumente, Zylinder und Bilder bezeugen reichlich, dass es die babylonischen Priester waren, die (wenn meine Theorie zutrifft) die ersten waren, die den Weg Kains gingen und somit die Anklagen des Apostels Judas (KJV) verdienten:

„Wehe ihnen, denn sie sind den Weg Kains gegangen. Sie sind Schmutzflecken bei ihren Wohltätigkeitsfesten, wenn sie mit euch feiern; sie mästen sich selbst ohne Angst. Wolken sind sie ohne Wasser, hinweggetragen von Winden; Bäume, deren Früchte verwelken, fruchtlos; sie sind zweifach Tote, Entwurzelte; sie sind grimmige Wellen der See, ausschäumend ihre eigene Schande; sie sind wie unberechenbare Lehrer und Sterne, denen die Dunkelheit der Schattenwelt für ewig reserviert ist; diese sind grundlose Meckerer, Nörgler; sie wandeln nach ihren Lüsten und ihr Mund spricht große geschwollene Worte; sie verehren Personen um ihres Vorteils willen."

ZYLINDER MIT ACHT FIGUREN

Siehe S. 48.

Reproduziert von Kings *A History of Sumer and Akkad* (1910).

Eine Tatsache, die in modernen Werken über das alte Babylonien und Ägypten kaum kommentiert wird, ist die immense Macht, über die die Priester verfügten, die für die Inschriften verantwortlich waren. Gemäß meiner Auffassung können wir nicht erhoffen, die Finessen des von ihnen hinterlassenen historischen Materials zu entschlüsseln, solange wir nicht die ganze Tragweite dieser Tatsache erkennen. Es wird nicht immer verstanden, dass die Literatur und Kunst dieser Länder mindestens seit dem Jahre 2000 vor Christus vollständig in ihren Händen war und dass sie aus diesem Grund so viel oder so wenig von ihrer Geschichte weitergeben konnten, wie sie wollten.

Über die babylonischen Inschriften sagt Professor Maurice Jastrow:

„Durch die Tempelschulen und für die Tempelschulen wurde eine Literatur hervorgebracht, die ihrem Charakter nach rein religiös war oder an irgendeinem Punkt die Religion berührte ... die Funktionen der Priester wurden aufgeteilt und mehreren Klassen zugeordnet ... Wahrsager, Geisterbeschwörer, Astrologen, Ärzte, Schriftgelehrte und Richter, um nur die wichtigeren zu nennen ... die Macht, die den Priestern Babyloniens und Assyriens auf diese Weise verliehen wurde, war immens. Sie hielten buchstäblich Leben und Tod der Menschen in ihren Händen." (*Religion of Babylonia and Assyria*. M. Jastrow, Professor of Semitic Languages, Universität von Pennsylvania.)

Diese allmächtigen Priester waren die Erbverschwörer, die Hüter des Goldenen Pokals – dem Erbe Kains. Wie wir gesehen haben, besaßen sie seit der Zeit Sargons eine dem Hebräischen ähnelnde Sprache sowie die Kunst des Keilschriftschreibens und hätten daher eine verständliche und ausführliche Geschichtsschreibung hinterlassen können; stattdessen hinterließen sie konfuse und nicht entzifferbare Inschriften in einem Mischlingsdialekt.

Nichts anderes als der Wunsch nach Mystifizierung hätte zu einer solch offensichtlichen Dummheit anspornen können, ähnlich wie die darauffolgende irrationale Angewohnheit, die sie angenommen hatten und von Professor Jastrow wie folgt beschrieben wurde:

„Die Inschriften auf den Ziegeln, die in der Bibliothek von Assurbanipal gefunden wurden, waren Kopien von viel älteren Schriften, die aus allen Teilen Babyloniens zusammengetragen wurden und einer großen literarischen Bewegung angehörten, die zur Zeit Khammurabis (circa 2000 vor Christus) stattfand. Die damals vorherrschenden Mythen, Religionen und Wissenschaften kamen in zahlreichen Werken zum Ausdruck; und die späteren Assyrer und Babylonier begnügten sich damit, diese Schriften zu kopieren, anstatt für sich selbst neue Werke anzufertigen." (*Religion of Babylonia and Assyria.*)

Was, abgesehen von meiner Theorie, vermag zu erklären, warum die Schriftgelehrten in der Regierungszeit Assurbanipals ihre Zeit und Energie dem Abschreiben früherer Werke widmeten, die sich auf vergangene Ereignisse und Charaktere beziehen? Wie ich behaupte, kam Kain ausgerüstet mit übermenschlichem Wissen und Stärke nach Babylonien und brachte die wunderbare Geschichte der Erschaffung der Welt und des Gartens Eden mit. Wie harmlos muss im Vergleich dazu die spätere Geschichte Babyloniens gewirkt haben und wie unscheinbar ihre späteren Herrscher. Kein Wunder, dass in Inschriften permanent auf die alten Zeiten hingewiesen wurde. Darin befinden sich versteckte Anspielungen auf Adam und Eva – den Fall Adams – Evas Trauer um Abel und ihre Empörung gegen Kain – die Ankunft Kains nach Babylonien und sein Bündnis mit dem Teufel.

Diese Täuschungen sind in die Form einer Mythologie gehüllt, die (wie ich zu zeigen hoffe) in Kains lächerlicher Karikatur der Wahrheit entstand, als er die göttlichen Eigenschaften des Schöpfers auf drei falsche Götter übertrug, die er als Anu und Ea bezeichnete (nach seinen Eltern), und Bel, den er nach dem Teufel benannte.

Die monotheistischen Inschriften, die später im Buch aufgeführt werden, beweisen, dass das Wissen über den Einen Gott zu Beginn der Geschichte in Babylonien angekommen war, und der heilige Paulus sagt, obwohl Gott sich ‚seit der Erschaffung der Welt' den Menschen kundgetan hatte, hatten sie dieses Wissen zum Götzendienst verfälscht:

„Da sie sich für weise hielten, sind sie zu Narren geworden und haben die Herrlichkeit des unvergänglichen Gottes vertauscht mit einem Bild gleich dem eines vergänglichen Menschen und der Vögel und der vierfüßigen und der kriechenden Tiere." (Römer 1:22-23.)

Der böse Charakter der Priester wird durch ihre Inschriften verraten, aus denen hervorgeht, dass sie Kannibalismus praktizierten. Professor Sayce sagt: „In Babylonien wurde in den frühesten Zeiten Menschenfleisch zu Ehren der Götter verzehrt" und „Menschenopferungen waren Teil ihrer Religion."[53]

Auch wenn ein Schriftsteller sagt: „Das Konzept der Seele wurde im Zeitalter von Sargon von Akkad[54] entwickelt", waren die Lehren der Priester dennoch im höchsten Maße materialistisch. Die Seele des Menschen soll sich in der Leber befinden, und jede Schafsleber enthielt (so wurde gelehrt) die Leber eines Gottes und war somit ein Organ der Wahrsagerei usw. Hunderte Ziegelmodelle von Lebern wurden ausgegraben, darunter auch Hinweise zur Deutung verschiedener Erkrankungen und Missbildungen der Leber.

Die Inschriften, die beweisen, dass in Babylonien schon in frühester Zeit[55] das Wissen um Einen Gott und Seine Gesetze existierte, verdeutlichen, dass die entwürdigende Lehre der Priester das Ergebnis des Bösen und nicht der Unwissenheit war. Ebenso wie die spätere babylonische Kunst, wie Professor Kittel bemerkt, ‚einen Abfall' von der Kunst aus Sargons Zeit zeigt (was auf eine vorsätzliche Verschlechterung hindeutet), und die Verwendung eines ‚Mischlingsdialekts' durch die Priester anstelle ihrer eigentlichen Sprache zeigt eine bewusste Degradierung der Literatur sowie den Wunsch nach Mystifizierung. Daher kann die Ersetzung des Einen Gottes durch unzählige Götter lediglich ein Hinweis auf eine vorsätzliche Unterdrückung der Wahrheit sein. Die stärksten Beweise für das falsche Spiel der Priester finden sich in der Untersuchung der babylonischen Mythen, und drei davon seien hier erwähnt. Sie können der Aufmerksamkeit der ersten höheren Kritiker nicht entgangen sein und scheinen daher die Aussage von Professor Kittel zu rechtfertigen, dass sie nicht unbedingt glaubten, dass die Bibelgeschichten aus babylonischen Mythen entlehnt seien, sondern diese Theorie erfunden hätten, um die Assyriologie bekannt zu machen. Georg Smith sagt:

---

[53] *Hibbert Lectures,* 1887, S. 83. Anhang E.
[54] *Religion of Babylonia and Assyria,* Professor Jastrow.
[55] Diese monotheistischen Inschriften werden später angegeben.

„Die dunkle Rasse heißt Admi oder Adami, was genau der Name ist, der dem ersten Menschen in Genesis gegeben wurde", und „aus den Fragmenten geht hervor, dass es die Rasse Adams oder die schwarze Rasse war, von der angenommen wurde, dass sie gefallen sei." (*Chaldean Genesis*, S. 9.)

Einige höhere Kritiker meinen, ein israelitischer Schreiber hätte mithilfe der babylonischen Literatur eine Geschichte seiner Rasse erfunden. Selbst wenn man dies annimmt, so bleibt doch die Frage offen, ob er dann in diesem Fall den Namen der schwarzen Rasse in Babylonien für seinen urzeitlichen Vorfahren gewählt hätte. Besteht nicht die Wahrscheinlichkeit, dass die babylonischen Priester im Rahmen ihrer Lügenkomplotte den Namen des ersten weißen Mannes auf die schwarze Rasse bezogen – ein wahres Glanzstück der Verhöhnung? Es liegt auf der Hand, dass die Babylonier die Abfolge der Ereignisse in der Schöpfungsgeschichte absichtlich verfälschten, als sie sagten, der Mond sei vor der Sonne[56] erschaffen worden. Ist es überhaupt möglich, sich vorzustellen, dass die biblische Geschichte von Evas Erschaffung von der babylonischen Kreation einer der ersten Frauen durch ‚sieben böse Geister' inspiriert wurde, von denen es heißt

„aus den Lenden des Mannes bringen sie die Frau hervor." (Sayce, *Hibbert Lectures*, S. 395.)

Könnte irgendjemand ernsthaft glauben, dass die Genesis-Geschichte von Evas Versuchung und dem Verlust der Unsterblichkeit von der babylonischen Geschichte der Schlange inspiriert wurde, die einem Helden eine Pflanze raubte, die in der Lage war, Menschen zu verjüngen und am Leben zu erhalten?[57] Die Ähnlichkeit zwischen den beiden Geschichten scheint aufzuzeigen, dass es sich bei der einen Erzählung um eine Parodie auf die in der anderen Erzählung beschriebenen Ereignisse handelt, denn es ist ersichtlich, dass beide denselben Ursprung hatten.

Professor Pinches sagt über die babylonische Literatur:

„Es besteht kaum ein Zweifel darin, dass das Bedürfnis vorhanden war, die Dinge so schwierig wie möglich zu machen …" (*Ancient Egypt*, Teil 3, 1923. Editor, Professor Sir Flinders Petrie.)

Ein anderer Gelehrter kommentiert das universelle System der Aufklärungsfeindlichkeit, das von heidnischen Priestern praktiziert wird:

„Diese vorherrschende Priesterschaft, deren Domäne das Wissen war und die die Schlüssel wertvoller Gelehrsamkeit besaß, öffnete das Schloss mit behutsamen Händen und verschleierte schlichte Sprache in fantastischen Allegorien. In solchen Allegorien sprachen ägyptische Priester mit griechischen Reisenden, die als Derwisch-Pilger oder durch das Land ziehende Studenten zu ihnen kamen. Es war dieses sibyllinische Wissen, das ein Aischylos, ein Ovid oder ein Virgil, Meister der Zauberer, hier und da enthüllten. Es ist dieser von Drachen bewachte Schatz geheimer Weisheit, den wir vielleicht doch noch anhand von geschnitzten Emblemen,

---

[56] In der babylonischen Schöpfungsgeschichte.
[57] *Ency. Brit.*, Ed. II, Serpent-worship.

symbolischen Denkmälern, der Ausrichtung von Tempelmauern und den schwierigen Deutungen nichthellenischer Namen von Helden und Heldinnen zu interpretieren versuchen – Gott und Mondgöttin, geheimnisvolles Monster und sagenumwobener Vogel, himmlischer Fluss und sternenklarer Hügel; Namen, die zuerst in der alten Sprache eines Volkes geschrieben wurden, das weiser und älter war als die Griechen." (Professor Darcy W. Thompson, *Transactions of the Royal Society of Edinburgh*, Vol. I, Teil I, Nr. 3.)

Das in fantastische Allegorien gehüllte ‚geheime Wissen' war, wie ich zu zeigen versuche, das Wissen über Gott und die in den ersten Kapiteln der Genesis aufgezeichneten Ereignisse und Charaktere, die im Laufe der Jahrhunderte immer weniger erkennbar wurden. Falls die Entdeckung, dass die Schwarzen Babyloniens Adami genannt wurden, überhaupt als Stütze für die Theorie von Sir James Frazer angesehen werden sollte, dass die Geschichte von Adam bei den afrikanischen Stämmen entstand und dass Adam ein schwarzer Mann war, wäre es gut, die Aufmerksamkeit auf eine Zeichnung zu lenken, auf der Adam und Eva, wenn auch alles andere als schön, zweifellos als weiße Menschen dargestellt werden. (Siehe Abbildung unten)

George Smith schreibt:

„Ein bemerkenswertes und wichtiges Exemplar des frühen Typs in der Sammlung des British Museum zeigt zwei Figuren, die auf jeder Seite eines Baumes sitzen und ihre Hände nach der Frucht ausstrecken, während hinter dem Rücken von einem eine gestreckte Schlange ist. Wir wissen gut, dass in den frühesten Skulpturen keine dieser Figuren Zufallsobjekte waren, sondern alle in ihren Legenden Ereignisse oder sagenhafte Geschehnisse sowie Abbilder darstellten; folglich ist es ersichtlich, dass eine Form der Sündenfallgeschichte, die der der Genesis ähnelt, in frühen Zeiten in Babylonien bekannt war." (*Chaldean Genesis*, S. 55.)

ADAM, EVA UND DIE SCHLANGE

CHERUBIM IN BABYLONISCHER KUNST

Siehe S. 60.

DIE HAND VON BEL NEHMEND

Siehe S. 83.

Diese drei Abbildungen stammen aus *Chaldean Genesis* von G. Smith (1876).

Im Umgang mit der Mythologie – ‚dieser phantastischen Allegorie' – begegnet mir eine weitere Schwierigkeit. Da meine Ansichten zu diesem Thema sich von denen vieler renommierter und einflussreicher Schriftsteller unterscheiden, muss ich die oppositionellen Ansichten analysieren, bevor ich zeige, dass die babylonische Mythologie die sichersten Anzeichen dafür liefert, dass Kain und Sargon ein und derselbe sind. So bewundert und angesehen sind diese Autoritäten, dass nur meine Überzeugung von ihren Irrtümern mir den Mut gibt, ihnen zu widersprechen.

Es ist, wie Max Müller sagt:

> „das verrückte, grausame und unsinnige Element, das die Mythologie zu dem Rätsel macht, für das die Menschen so lange gesorgt haben." (*Ency. Brit.*, Ed. II, Mythology.)

Dieses Element ist auch genau das, was man darin vorfindet, da es sich nicht mehr oder weniger um das Ergebnis von Kains Entschlossenheit handelt, der vom anderen Zweig der Rasse Adams so treu bewahrten Gottesverehrung entgegenzuwirken.

Seit den Tagen des antiken Griechenlands rätselten gelehrte Männer über die abartigen Merkmale der Mythologie und das Geheimnis ihres Ursprungs, und vor der Geburt Christi wurden mindestens fünf verschiedene Erklärungen dafür angeboten. Sie waren die physikalische Erklärung des Theagenes, die religiöse oder theosophische Erklärung des Porphyrios, die Erklärung der Mythen als Allegorien; Aristoteles vertrat die Meinung, dass die Mythen Erfindungen von Gesetzgebern seien, „um die Vielen zu überzeugen sowie zur Befürwortung der Gesetze", und schließlich die Ansicht von Euhemeros (316 vor Christus), wonach die Mythen eine vorgetäuschte Geschichte seien, und

> „alle Götter waren einst Menschen, deren wahre Taten durch spätere Phantasie verziert und verfälscht wurden." (*Ency. Brit.*, Ed. II, Mythology.)

Es erübrigt sich zu erwähnen, dass dies die Ansicht ist, mit der meine Theorien übereinstimmen, und sie stimmt mit den Worten[58] des heiligen Paulus überein. Haben die Heiden nicht, indem sie den Menschen gottähnliche Eigenschaften zuschrieben, „den unvergänglichen Gott vertauscht mit einem Bild gleich dem eines vergänglichen Menschen?" Selbst wenn der Verfasser der folgenden Passage seinen eigenen Glauben einer moderneren Sichtweise zuordnet, so gibt er dennoch zu, dass viel für die von Euhemeros angebotene Erklärung spricht; er schreibt:

> „Diese Ansicht passte sehr gut zu Lactantius, dem heiligen Augustinus und anderen frühchristlichen Schriftstellern. Sie begrüßten es, für glaubhaft zu halten, dass Euhemeros ‚durch historische Forschung festgestellt hatte, dass die Götter einst nur sterbliche Menschen waren.' Genau die gleiche passgenaue Betrachtungsweise vertrat Sahagún in seinem Bericht über den mexikanischen religiösen Mythos. Da es keinen Zweifel daran gibt, dass die Geister toter Menschen in vielen Ländern verehrt wurden und die Götter vieler Glaubensrichtungen

---

[58] Siehe S. 52.

mit Attributen entnommen aus der Ahnenverehrung ausgetrickst werden, erhält das System des Euhemeros ein gewisses Maß an Glaubwürdigkeit. Indes wir mit Euhemeros und Herbert Spencer nicht glauben müssen, dass der Gott Griechenlands oder der Gott der Hottentotten einst ein Mensch war, können wir nicht leugnen, dass die Mythen dieser beiden Götter von den Vorstellungen von Menschen durchdrungen und geprägt wurden, die die Ahnenverehrung praktizierten. Unter anderem enthüllten die Kreter das Grab des Zeus, und die Phönizier (Pausanias X, 5) gossen täglich Blut von Opfern in das Grab eines Helden, augenscheinlich um seinen Geist zu nähren. … Höchstwahrscheinlich sind Teilstücke von Legenden echter Menschen in die mythischen Berichte von Göttern anderer Charaktere eingeflossen, und dies ist das Körnchen Wahrheit, das dem Euhemerismus zugrunde liegt." (*Ency. Brit.*, Ed. II, Mythology.)

Diese Autorität (Andrew Lang) bevorzugt, ebenso wie andere moderne Mythologen, die neueste Erklärung der Mythologie, die darin besteht, dass sie sich allmählich aus der Vorstellungskraft des primitiven Menschen entwickelt habe. Er schreibt:

„Unsere Theorie ist daher, dass das grausame und unsinnige Element in der Mythologie größtenteils eine Hinterlassenschaft der Vorfahren der zivilisierten Rassen ist, deren intellektueller Zustand nicht höher war als der der Australier, Buschmänner, Indianer, der niederen Rassen Südamerikas, der Mincopies und schlimmer als barbarischer Völker. Als die Vorfahren der Griechen … in der Zivilisation voranschritten, wurde ihr religiöses Denken von Mythen schockiert und überrascht (ursprünglich aus der Zeit der Barbarei stammend und in dieser Zeit selbstverständlich), die bis in die Zeit von Pausanias von örtlichen Priesterschaften bewahrt wurden, als auch in den alten Gedichten von Hesiod und Homer sowie in den Brahmanen und Veden Indiens stereotyp waren oder in der Volksreligion Ägyptens beibehalten wurden." (*Ency. Brit.*, Ed. II, Mythology.)

Wenn die Griechen tatsächlich von antiken Mythen schockiert gewesen wären, könnten wir diesem Autor dahingehend zustimmen, dass diese Mythen einem Zustand der Unwissenheit eigen sind. Da die Griechen jedoch selbst nicht nur die antike Mythologie von Babylonien[59] übernommen haben, sondern ihr einige, noch schlimmere Merkmale hinzugefügt haben, war es offensichtlich nicht das Ergebnis von Unkenntnis, sondern des Bösen, das mächtig genug war, der vielgerühmten Entwicklung der Zivilisation entgegenzuwirken. Professor Max Müller sagt über die griechischen Mythologen:

„Sie erzählten von ihren Göttern, was selbst den wildesten Indianern Gänsehaut und Schauder bereiten würde … Geschichten, genauer gesagt vom Kannibalismus der Demeter, von der Verstümmelung des Uranus, vom Kannibalismus des Kronos, der seine eigenen Kinder verschlang, und dergleichen. Unter den niedrigsten Stämmen Afrikas und Amerikas finden wir kaum etwas Abscheulicheres und Widerwärtigeres." (*Ency. Brit.*, Ed. II, Mythology.)

---

[59]   Siehe Fußnote S. 93.

Wenn wir noch dazu einen Blick auf die römische Mythologie werfen, von der mittlerweile anerkannt ist, dass sie ihren Ursprung über die Griechen hinaus in Babylonien hatte, könnte denn ein Brauch barbarischer sein als der, der zu kaiserlichen Zeiten noch in der Nähe von Rom herrschte, nämlich die immer wiederkehrenden Morde der Priesterkönige von Nemi, worüber Sir James Frazer schreibt:

„Die befremdliche Herrschaft dieser Priesterschaft hat keine Parallele in der klassischen Antike und kann nicht daraus erklärt werden. Um die Erklärung zu finden, müssen wir weiter entfernt gehen … niemand wird sicherlich leugnen, dass ein solcher Brauch an barbarische Tage erinnert und bis in die imperiale Zeit hinein in auffallender Isolation von der vornehmen Gesellschaft der Zeit hervorsteht wie ein urzeitlicher Felsen, der sich aus einem glatten schattigen Rasen erhebt." (*Der goldene Zweig.*)

Müssen wir den Ursprung dieses Brauchtums nicht eher weiter zurück als ‚weiter entfernt‘ suchen? Sir James Frazer hat auf der ganzen Welt nach einer Erklärung gesucht und sie nicht gefunden. Liefert die Geschichte von Kain (vorausgesetzt, er war der babylonische König Sargon) denn nicht die angemessenste Erklärung für diesen alten Brauch, bei dem Mörder, die sich als Könige und Priester verkleideten, geehrt wurden?

Wie dem auch sei – die wichtige Tatsache, dass einer der barbarischsten Bräuche in dieser späten Periode der Geschichte in einer äußerlich polierten Gesellschaft überlebte, bleibt bestehen, denn unter der Oberfläche lauerte der betörende Einfluss des Goldenen Pokals von Babylonien.

Aus meiner Sicht ist die Theorie, dass Kain, angespornt von Hass und Rache, falsche Götter erfunden hat, eindeutig wahrscheinlicher als die Theorie, dass ein System, das im Laufe der gesamten Weltgeschichte die Fantasie der Menschen beflügelt hat, ursprünglich von naiven Wilden erfunden wurde. Wenn es, wie die Professoren Kittel und Max Müller behaupten, psychologisch unmöglich ist, dass die Vorstellung von Göttern existiert, ohne das bereits vorhandene Wissen des Einen Gottes, wo sonst können wir nach dem Urheber der Götter des alten Babyloniens suchen, wenn nicht bei Kain? Und wie können wir die Existenz eines so ‚verrückten, grausamen und unsinnigen‘ Systems wie der Mythologie vernünftig erklären, außer dass es sich um den verfälschten Strom des ‚alten Wissens‘ handelt, das Gott dem Menschen offenbart hat?‘

So, wie ‚Schatten ihre Geburt dem Licht verdanken‘, so verdankt die Mythologie ihre Existenz der Wahrheit, denn soweit alles Kombinierte zeigt, ist sie nichts weiter als ihr verzerrter Schatten. Wie das anhaftende Unkraut ein Kornfeld verheert, hat die Mythologie meines Erachtens die gesamte antike Geschichte überschattet.

Folglich scheint es so, dass die von Euhemeros vertretene Ansicht mit meiner eigenen Theorie des von den babylonischen Priestern seit frühester Zeit praktizierten Systems des Obskurantismus übereinstimmt; auch lässt sich kaum leugnen, dass es zu seiner Zeit Beweise für seine Theorie gegeben haben könnte, von denen nichts bekannt ist. Der amerikanische Assyriologe Albert Clay (einer der neuesten Autoren zu diesem Thema) sagt:

„Die Tatsache, dass der Euhemerismus, so, wie er konzipiert wurde, mit der Zeit völlig außer Acht gelassen wurde, beweist nicht, dass Euhemeros falschlag. Soweit ich feststellen kann, sind seit der Ausgrabung in Troja und im Lichte der Entdeckungen nicht wenige klassische Gelehrte der Ansicht, dass viele der sogenannten griechischen und römischen Götter heroische Persönlichkeiten waren." (*The Origin of Biblical Traditions*, S. 27.)

Augustinus, der afrikanische Bischof (354-430 nach Christus), konstatiert in seinem Buch *De civita Dei*:

„Alexander der Große teilte seiner Mutter in einem Brief mit, dass selbst die höheren Götter … Menschen seien, und das Geheimnis wurde ihm von Leo, dem Hohepriester der ägyptischen Heiligtümer, verraten … Alexander bat seine Mutter, diesen Brief zu verbrennen." (*Worship of the Dead*, S. 15, Garnier.)

Das herausragende Merkmal der Mythologie sind ihre irreführenden Variationen, ihr ‚kaleidoskopischer Austausch von Göttern und Göttinnen‘, wie Professor Sayce es beschreibt, was meiner Meinung nach dazu dienen sollte, die Nachwelt vor der Tatsache zu blenden, dass unter der rätselhaften Wortwahl der Schriften der Priester historische Ereignisse und Charaktere verborgen waren.

Zu diesem Zweck scheinen die Namen, Geschlechter und Beziehungen der mythologischen Charaktere zu verschiedenen Zeiten und an unterschiedlichen Orten geändert worden zu sein; Vater und Sohn sind gänzlich verwechselt, ebenso wie Mutter, Schwester und Frau. Viele der Gottheiten haben sowohl männliche als auch weibliche Ausprägungen. Unter anderem ist in der babylonischen Mythologie Anatu, die Ehefrau oder Gefährtin von Anu, hauptsächlich eine Form von Anu, und sie ist auch eine der vielen Formen der Göttin Ishtar.[60] Indes der erste babylonische Gott Anu offensichtlich Adam darstellt, ist der Hauptgott der Hindus ebenfalls Adam, denn einer seiner Namen ist Adama, und seine Frau heißt Iva. Ein Autor weist darauf hin, dass Noah in der indischen Mythologie durch den Gott Menu repräsentiert wird, dessen Söhne zunächst Sama, Chama und Pra Japeti und später Brahma, Shiva und Krishna hießen, unverkennbar die Repräsentanten von Sem, Ham und Japheth waren, denn wie er sagt:

„Sie werden als die Kinder eines Mannes beschrieben, der mit sieben Gefährten in einer Arche verschont wurde." (*Origin of Pagan Idolatry*, Vol. 2, S. 102, Faber.)

Wir werden demnach von vielen Schriftstellern dazu ermutigt, die mythologischen Charaktere als die vergöttlichten Formen der ersten Männer und Frauen zu betrachten, obwohl diese Ansicht bei modernen Gelehrten nicht besonders beliebt ist.

---

[60] *Hibbert Lectures*, 1887, S. 184. Sayce.

Die babylonischen Götter sind die ersten, von denen wir monumentale Aufzeichnungen haben. Indem wir sie studieren, gehen wir sozusagen der Mythologie auf den Grund und analysieren die Bestandteile des Goldenen Pokals von Babylonien, der über die Jahrhunderte hinweg die Mehrheit der Menschheit für die Wahrheit blind gemacht hat. Meine Zuversicht ist, dass ich den Leser von der Unwahrscheinlichkeit überzeugt habe, dass die Zivilisation Babyloniens von den ‚Schwarzköpfen' hervorgegangen ist und dass diese stattdessen vom großen Sargon ins Leben gerufen wurde, der, wie Professor King konstatiert, „der eigentliche Gründer seiner Dynastie[61] war." Daraus folgt, dass wir die Institution der ältesten bekannten Götter ebenfalls Sargon (nämlich Kain) zuschreiben können, und dies liefert eine sehr vernünftige Erklärung dafür, wie die mythologischen Systeme der Welt ursprünglich entstanden sind.

Selbst wenn einige Assyriologen die Verbindung zwischen diesen Göttern und den biblischen Charakteren zugeben, betrachten sie Ersteres als den Prototyp des Letzteren, wohingegen ich behaupte, dass es Kain (der ‚Hohepriester von Enlil') war und nach ihm Generationen von Priestern, die die wundersame Geschichte des Gartens Eden auf verzerrte Weise darstellten. Da diese Geschichte jedoch alles, was sie erlebt hatten, in den Schatten stellte, wird sie in ihren sogenannten religiösen Schriften immer wieder aufgegriffen. Professor King, der die Ansicht vertrat, dass die babylonischen Mythen von den Hebräern übernommen wurden, hält fest:

„Die Assoziation von geflügelten Wächtern mit dem heiligen Baum in der babylonischen Kunst lässt zumindest auf die Cherubim und den Baum des Lebens schließen."

Im Rahmen der Diskussion bezüglich der Ähnlichkeiten zwischen den hebräischen und biblischen Schriften stellt er fest:

„Wir kommen dann zu der Frage: In welchem Zeitraum und durch welchen Prozess wurden die Hebräer mit den babylonischen Ideen vertraut?" (*Legends of Babylonia*, Seiten 136-141.)

Auf diese Frage schlägt Professor King vier alternative Antworten vor, gelangt jedoch letztlich zu keinem Ergebnis. Es scheint ihm nicht in den Sinn gekommen zu sein, dass die hebräischen und babylonischen Geschichten (wie Professor Kittel glaubt) unabhängige Versionen desselben Originals waren, obwohl dies in jeder Hinsicht die sinnvollste Lösung des Problems zu sein scheint. Offenbar haben einige Theologen, durch derartige Ansichten beeinflusst, wie zum Beispiel der von Professor King, ihren Glauben an den übernatürlichen Charakter der Genesis-Geschichten aufgegeben und betrachten sie als von den babylonischen Mythen inspiriert. Sie schreiben einem unbekannten israelitischen Schreiber die Urheberschaft des Buches Genesis zu und führen die ethischen Lehren dieses Buches auf den Einfluss zurück, der auf diesen Schreiber von späteren Propheten (circa 700 vor Christus)[62] ausgeübt wurde. Doch ist es denkbar, dass ein so spirituell gesinnter Schriftsteller (unter solchem Einfluss) eine fiktive Geschichte über den Ursprung seiner Rasse erfunden und zwei babylonische Götter als seine Ureltern adoptiert hat, oder dass er seine Vorstellung vom Baum des Lebens aus derartigen Zeichnungen wie die vorstehende[63] übernommen hat?

---

[61] *Sumer and Akkad*, S. 232.
[62] *The Doctrine of the Infallible Book*, S. 14. Canon Gore.
[63] Siehe Abbildung auf S. 55.

XX—DIE BABYLONISCHEN GÖTTER UND GÖTTINNEN

„Das Studium von Namen ist der Beginn des Lernens." (Sokrates.)

Assyriologen gehen davon aus, dass es in Babylonien um das Jahr 2000 vor Christus zu einer literarischen Wiederbelebung kam, als alle alten Traditionen dieses Landes gesammelt und niedergeschrieben wurden; und wenn Kain sich, wie bestimmte Fakten zu beweisen scheinen, etwa 1800 Jahre vor diesem Datum in Babylonien niederließ, sind diese Überlieferungen voller Hinweise auf biblische Charaktere und Ereignisse leicht nachvollziehbar. Sie sind meines Erachtens nichts weniger als die verfälschte Version der alten Geschichte, die in den ersten Kapiteln der Bibel aufgezeichnet ist. Die meisten Beispiele, die ich zitiere, entstammen Übersetzungen von Professor Sayce. Aufgrund ihrer Widersprüche und Absurditäten ist die Lektüre öde und ermüdend, aber für meine Zwecke ist es sicherlich notwendig, sie zu untersuchen. Der Professor sagt uns, dass die ersten babylonischen Götter ein Trio waren – ‚die höchsten Götter Anu, Mul-lil und Ea', – und dass es einen vierten Gott namens Tammuz gab. Diese vier Götter scheinen von Assyriologen als Vorbilder für Adam, Eva, den Teufel und Abel angesehen zu werden, aber ich behaupte, dass sie – im Gegenteil – die vergöttlichten Vertreter dieser biblischen Charaktere waren und dass es Kain war, der ihre Erinnerungen vergötterte, indem er ihnen einige der Eigenschaften Gottes übertrug. Diese Behauptung wird durch die bemerkenswerte Tatsache gestützt, dass Kain selbst keinen Platz in dieser ältesten Gruppe von Göttern[64] hatte. Wäre er nicht der Erfinder gewesen, wäre er sicherlich darin enthalten gewesen als ein passender Gefährte für Bel, den Teufel. Professor Sayce sagt über den vierten Gott Tammuz, den er als den Prototyp von Abel bezeichnet:

„Die ursprüngliche Heimat von Tammuz befand sich in dem Garten Eden oder Edin, den die babylonischen Überlieferungen in unmittelbarer Nähe von Eridu[65] platzierten, daher wird seine Mutter (und Frau), die ‚Dame von Edin' genannt." (*Hibbert Lectures*, S. 23.)

Er sagt auch, dass Tammuz wie Abel ein Hirte war und in jungen Jahren[66] getötet wurde.

Assyriologen vermuten, dass der biblische ‚Garten Eden' nach einem Ort in Babylonien benannt wurde, doch ich stelle die Vermutung auf, dass das babylonische Eden oder Eridu (wie es manchmal genannt wird) seinen Namen eher vom ursprünglichen Garten erhielt, den Kain in seiner Jugend gekannt hatte, und dass der Name von ihm ins ‚Land Nod' gebracht wurde.

Professor Sayce scheint den zweiten Gott des großen Trios mit Satan zu identifizieren, indem er schreibt:

„Der allerhöchste Bel war Mul-lil, er wurde genannt ‚der Gott der Unterwelt', seine Gesandten waren Albträume und Dämonen der Nacht und von ihm kamen die Plagen, die die Menschheit bedrückten." (*Hibbert Lectures*, S. 147.)

---

[64] Wie wir sehen werden, wurde Sargon in späteren Zeiten vergöttert.

[65] „In Eridu wurde der Garten des babylonischen Eden angelegt." (*Religion of the Babylonians*, S. 263.)

[66] *Hibbert Lectures*, S. 245.

Ein anderer Autor konstatiert:

„Mul-lil war der eigentliche Bel der babylonischen Mythologie und Herr der Erde sowie der Angelegenheiten der Menschen."[67] (*Chaldean Genesis*, G. Smith, S. 58.)

Nachdem diese beiden Götter mit Abel und Satan identifiziert wurden, ist es naheliegend, dass Anu und Ea (oder Ishtar) Adam und Eva repräsentiert haben müssen. Professor Sayce sagt:

„die Stadt Erech war der Sitz der Götter Anu und Ishtar, die später von den Hebräern adoptiert wurden",

und da die Hebräer sie [Anu und Ishtar] definitiv nicht als Götter angenommen haben, muss dies bedeuten, dass er sie als die Prototypen von Adam und Eva betrachtet.

Es fällt auf, dass Götter in der späteren Mythologie keineswegs zufällig auf den Status von Menschen reduziert wurden. Anu – wenn er wirklich das Vorbild gewesen wäre, nach dem Adam entstand – muss von dem vermeintlichen Autor der Genesis des höchsten Standes beraubt worden sein, der jemals einem heidnischen Gott zugeschrieben wurde; und Ishtar muss von ihrer Position als ‚Königin des Himmels' auf die einer bloßen Frau reduziert worden sein. Sie wären zusammen mit dem Gott Tammuz die einzigen Ausnahmen von einer ansonsten unveränderlichen Regel des mythologischen Systems gewesen. Über den Gott Anu schreibt George Smith:

„An der Spitze der babylonischen Mythologie steht eine Gottheit, die manchmal mit den Himmeln identifiziert wurde und gelegentlich als Herrscher und Gott des Himmels angesehen wurde. Diese Gottheit heißt Anu, ihr Zeichen ist der einfache Stern, das Symbol der Göttlichkeit und zuweilen das Malteserkreuz. Anu repräsentiert die abstrakte Gottheit und erscheint als ursprüngliches Prinzip, vielleicht als Urprinzip der Natur." (*Chaldean Genesis*, S. 54.)

Anu wird in einer Inschrift ‚der König der Engel und Geister, Herrscher der Stadt Erech'[68] genannt, in einer anderen ‚Anu, das Oberhaupt, der Vater der Götter.'[69] Der Tempel von Erech (Henoch) wurde ‚das Haus von Anu' und ‚das Haus des Himmels' genannt. Anu wird ebenso ‚der Herrscher der alten Stadt' genannt, was Erech[70] bedeutet und auch Unuk (Uruk) genannt wird.

---

[67] Der Teufel wird dreimal von unserem Gott als der Fürst dieser Welt beschrieben. Johannes 12:31; 14:30; 16:11.

[68] *Chaldean Genesis*, S. 53.

[69] *Legends of Babylonia and Egypt*, S. 109. L. King.

[70] *Chaldean Genesis*, S. 55. Der für Erech verwendete Name ‚die alte Stadt' scheint mit der Theorie übereinzustimmen, dass diese Stadt von Kain erbaut wurde, denn ihre Stadt wäre natürlich die älteste in Babylonien gewesen; und ein anderer Name für Erech – ‚der Siedlungsort' – ist auch angemessen, wenn Kain sich dort zum ersten Mal niederließ. (*Hibbert Lectures*, S. 185.) Professor Sayce sagt, dass der Name der Stadt ‚Unuk (Uruk) auf den ältesten Ziegeln zu finden ist' und diese ist ‚identisch mit der Stadt Henoch, die von Kain gebaut wurde.' (Index *Hibbert Lectures*.) „Die Hauptstadt dieses Teils des Landes war Uruk, im Buch Genesis Erech genannt. Erech widmete sich der Verehrung von Anu, dem Gott des Himmels, und seiner Frau, der Göttin Anatu, sowie von Ishtar, der phönizischen Ashtoreth oder Astarte, auf deren Mythos die Liebe zum Sonnengott Dumuzi oder Tammuz, dem Adonis der griechischen Geschichte, im Verlauf des Gedichts angespielt wird", d.h. das Epos von Gisdhubar. (*Chaldean Genesis*, S. 192. 1880.)

Die Verherrlichung von Anu ließ in der babylonischen Mythologie keinen Platz für ein Höchstes Wesen, obwohl, wie sich zeigen wird, die Existenz Gottes seit den frühesten historischen Zeiten in Babylonien bekannt war. Anus einzige Rivalen in der Mythologie waren Bel, auf den seine Titel und auch seine Frau manchmal übertragen[71] wurden, und Marduk, der in der späteren babylonischen Mythologie Bels sowie Anus Charakterisierungen erbte. Gewöhnlich wird Anu als der Gott des Himmels, Bel als der Gott der Erde und Ea oder Enki als der Gott des Wassers bezeichnet. In der babylonischen Geschichte von der Erschaffung der Welt finden wir die Zeilen:

„Sie erhoben Ishtar und Anu, den König, zu einem edlen Thron und setzten ihn in die Regierung des Himmels ein." (*Chaldean Genesis*, S. 109.)

Mein Vorschlag ist, dass dies ein verschleierter Hinweis auf Kains Vergöttlichung von Adam und Eva ist; und die Inschrift, in der Anu und Ishtar als Herr und Frau des heiligen Hügels[72] bezeichnet werden, ist wahrscheinlich eine Anspielung auf den Garten Eden. In einem seltsamen Mythos, der von Professor Sayce übersetzt wurde, wird der Baum des Lebens (oder vielleicht der Baum des Wissens) zweifelsohne im Zusammenhang mit Anu, Ea und Bel erwähnt.

„Die Altäre umgeben von Wasser, die Schätze von Anu, Bel und Ea, die Tafeln der Götter, die Offenbarung des Orakels des Himmels und der Erde, und die Zeder, die Geliebte der großen Götter, deren Hand sie veranlasste zu wachsen." (*Hibbert Lectures*, S. 241.)

Auch hier könnte der Baum des Lebens gemeint sein mit ‚der mächtigen Pflanze von Anu, die Ea, die göttliche Antilope, an einen Ort der Reinheit[73] trug.'

Das dritte Mitglied des Göttertrios ist Ea, von dem Professor Jastrow sagt, er sei der Gott des Wassers gewesen,

„der Dritte in einer großen Triade, deren andere beiden Mitglieder Anu, der Gott des Himmels, und Bel, der Gott der Erde, waren." (*Religion Babyloniens und Assyriens.*)

Auch hier befinde ich mich auf Kriegsfuß mit den Professoren, die Ea nicht mit Ishtar gleichsetzen, während sie meiner Meinung nach beide Eva repräsentieren. Sie sehen dies mutmaßlich darin begründet, dass Ea ein männlicher Gott ist, während Ishtar nahezu immer als Göttin dargestellt wird. Die Tatsache jedoch, dass, obwohl Ishtar häufig Anus Partner ist, Ea der dritte in der ersten Göttertriade ist, in der die beiden anderen Adam und den Teufel darstellen, lässt für mich keinen Zweifel daran, dass Ea, ebenso wie Ishtar, Eva repräsentierte. Solange wir das System des Obskurantismus der Priester nicht erkennen, können wir uns keinen Reim aus ihren Schriften machen.

---

[71] Eine von Ishtars Titeln als Ehefrau von Bel war Belet-ili oder Inanna. *Legends of Babylonia,* S. 63.

[72] *Hibbert Lectures*, S. 113.

[73] *Hibbert Lectures*, S. 530.

Weitere Gründe dafür, Ishtar und Ea als ein und dasselbe zu betrachten, sind, dass sie beide als Eltern von Tammuz, dem mythologischen Vertreter Abels, bezeichnet und auch beide mit der Schlange[74] in Verbindung gebracht werden. Darüber hinaus kann es wohl kaum ein Zufall sein, dass Anu in den Inschriften sowohl mit Ishtar als auch mit Ea in Verbindung gebracht wird, Adams Frau in der Bibel jedoch sowohl Ishtar (Frau auf Hebräisch) als auch Eva genannt wird. Ishtar verkörpert in der Regel ‚die Große Mutter', die Dea Myrionymus oder Göttin mit zehntausend Namen. Professor Sayce teilt uns mit, dass Ishtar von allen babylonischen Göttinnen und den meisten der späteren ägyptischen, griechischen und lateinischen Göttinnen repräsentiert wurde und dass sie offensichtlich die vergöttlichte Form von Eva war, denn unter ihren vielen Namen wird sie genannt: ‚Mutter der Menschheit'[75], ‚die Dame von Eden'[76], ‚die Geliebte von Anu'[77], ‚die Göttin der Geburt'[78], ‚die Göttin des Baumes des Lebens'[79], ‚die Herrin der Auferstehung'[80] usw.

Unter dem Namen Nina oder Nintu[81] soll Ishtar alle Geheimnisse der Götter enträtselt haben – sicherlich ein Hinweis auf Evas Erlangen von gottähnlichen Wissens, wie es in der Bibel beschrieben wird. Professor King sagt:

„Nina … die alle Mysterien der Götter erkennen konnte." (*Sumer and Akkad*, S. 266.)

Und die nächsten Zeilen können sich nur auf Evas Reue angesichts der schrecklichen Folgen ihres Ungehorsams beziehen:

„Ishtar schrie laut wie eine Frau in den Wehen, die Herrin der Götter klagte mit lauter Stimme: ‚Das alte Menschengeschlecht ist wieder in Lehm verwandelt worden, weil ich im Rat der Götter einer bösen Sache zustimmte und einem Sturm zusagte, den ich hervorbrachte und der mein Volk zerstörte.'" (King, *Babylonia Religion*, S. 134.)

Dies steht im Einklang mit meiner Theorie, dass Ishtar mit Ea identisch ist. Ebenfalls konstatiert Professor Sayce, dass Ea in Babylonien als ‚Urheber von Wissen und Intelligenz'[82] galt und ‚der Gott der Kultur'[83] genannt wurde. Professor Jastrow bemerkt indes, dass kein Gott einen so eindeutigen Beweis dafür zeige, ‚theologischen Veränderungen unterworfen zu sein wie Ea', schlägt jedoch nicht – wie ich – vor, dass Ea Eva repräsentierte. Nichtsdestotrotz erscheint es sinnvoll anzunehmen, dass Ea, obwohl ein männlicher Gott, Eva verkörperte, zumal Ishtar manchmal in eine männliche Gottheit verwandelt wird; Professor Sayce spricht von

„dem Zweifel, ob Ishtar männlich oder weiblich war" (*Hibbert Lectures*, S. 254),

---

[74] *Hibbert Lectures*, Seiten 282-283.
[75] *Legends of Babylonia and Egypt*, S. 64. L. King.
[76] *Hibbert Lectures*, 1887, S. 336. Sayce.
[77] *Hibbert Lectures*, 1887, S. 531. Sayce.
[78] *Legends of Babylonia and Egypt*, S. 112. L. King.
[79] *Hibbert Lectures*.
[80] *Hibbert Lectures*, S. 259.
[81] Es ist ziemlich eindeutig, dass Nina, ‚die Dame', die primitive Ishtar gewesen sein muss … (*Hibbert Lectures*, S. 282.)
[82] *Hibbert Lectures*, S. 118.
[83] *Hibbert Lectures*, S. 136.

und erwähnt eine astronomische Tafel, auf der sie bei Sonnenuntergang eine Frau und bei Sonnenaufgang ein Mann ist. (S. 254.)

In einer merkwürdigen ‚zweisprachigen Hymne‘ wird Ea offensichtlich als ‚die Mächtige Mutter‘ bezeichnet; es werden ebenso Andeutungen auf Eridu oder Eden, auf Tammuz (Abel) und auf den Baum inmitten von Eden gemacht. Einige der Wörter sind:

> „In Eridu wuchs ein Stängel … an einem heiligen Ort wurde er grün … (vorher) Ea brachte ihn hervor in Eridu, voller Fruchtbarkeit … (dort ist das Zuhause) der mächtigen Mutter, die über den Himmel wandert. (In)mitten davon war Tammuz.“ (*Hibbert Lectures*, S. 238.)

In einer anderen kryptischen Schrift soll der Name Ea auf ‚dem Kernholz des Zedernbaums‘ aufgezeichnet sein, von dem angenommen wurde, dass er ‚die Macht des Inkubus zerschmettert‘ und von Teufeln[84] besessene Menschen heilt. Indes verbindet eine andere Inschrift Ea mit Eden, mit den Worten:

> „Die göttlichen Stiere von Ea und seiner Frau wurden Gott des Feldes Eden und Gott des Hauses Eden genannt.“ (*Hibbert Lectures*, S. 289.)

Um die Thematik noch verwirrender zu gestalten, soll Eas Frau Davkina die Mutter von Tammuz sein. Professor Sayce bemerkt:

> „Als Mutter von Tammuz hatte Davkina, die Frau von Ea, einen besonderen Namen. … Da sie in derselben Passage allem Anschein nach mit Ishtar identifiziert wird, können wir daraus schlussfolgern, dass der Verfasser der mythologischen Liste sie gleichermaßen als Mutter und Ehefrau von Tammuz betrachtete.“ (*Hibbert Lectures*, S. 237.)

Wenn Ea und Ishtar (sonst Dav-kina) Eva repräsentierten, wie ich glaube, so zeichnen sich die Priester hier besonders aus, indem sie Eva zu ihrer eigenen Frau machen. Obwohl Professor Sayce nicht vorschlägt, dass Ea und Ishtar unterschiedliche Figuren derselben Gottheit waren, bemerkt er eine Verbindung zwischen den beiden; er führt an, dass Ishtar auch Yasmu war: ‚die Weise‘, ‚die Herrin der Tiefe‘, ‚die Herrin der Wohnstätte der Fische‘ und ‚die Stimme der Tiefe‘, und dass sie daher einen Rang eingenommen haben muss mit Ea dem Fischgott und ‚Herrscher der Tiefe‘[85]. Und zumindest ein Student der Mythologie stützt meine Behauptung, dass Ishtar und Ea identisch waren, mit den Worten: „Ishtar, die Ozeanmutter und weibliche Form von Ia.“[86] Die Legende von Ishtars Abstieg in die Hölle, um Tammuz (Abel) zurückzubringen, ist, wie Professor Sayce betont, offensichtlich der Ursprung der späteren Legenden von Isis und Osiris, von Demeter und Persephone und von Eurydike und Orpheus, und gemäß derselben Autorität wurde Ishtar die Ashtoreth der Kanaaniter, die Astarte der Phönizier, aber auch zur Diana oder Artemis, Venus oder Aphrodite. Ishtars Beziehung zu Tammuz ist in den Inschriften vielfältig, aber in welcher Form, zu welcher Zeit oder in welchem Land auch immer die Große Mutter in der Mythologie dargestellt wird, sie wird von einem jungen Helden begleitet, der ein tragisches Ende erlebt. Professor Sayce schreibt:

---

[84] *Western Asiatic Inscriptions*. 11.59-10-11. „Eridu, der Sitz des chaldäischen Kulturgottes Ea, dessen Heimat in der Tiefe lag.“ Sayce, *Religion of the Babylonians*, S. 262.
[85] *Hibbert Lectures*, 1887, S. 111.
[86] *The Ruling Races of Prehistoric Times*. J. F. Hewitt.

„Als die Legende von Tammuz nach Griechenland gelangte, hieß es, seine Mutter sei seine Schwester." (*Hibbert Lectures*.)[87]

Als Anatu war Ishtar die Frau von Anu, obwohl sie als Ishtar gelegentlich seine Tochter genannt wird, während sie an anderen Stellen als Tochter von Sin, dem Mondgott, bezeichnet wird; Professor Jastrow sagt:

„Es ist zu beachten, dass Ishtar hier die Tochter des Mondgottes genannt wird, während sie im Gilgamesch-Epos als Tochter von Anu, dem Gott des Himmels, erscheint." (*Religion of Babylonia and Assyria*, S. 566.)

Professor Sayce schreibt:

„Belit, die Frau von Bel, wird bisweilen mit Ishtar identifiziert, als Belit wird sie ‚die Herrin der Länder, die in Enmash-mash wohnt' genannt." (*Hibbert Lectures*, S. 237.)

In obskuren Inschriften wie denen, in denen Ea erwähnt wird, und in diesem ständigen Austausch der Namen und Attributen der Götter und Göttinnen sehen wir, was Max Müller das ‚verrückte und unsinnige' Element in der Mythologie nennt. Außerdem rechtfertigen sie die Auffassung[88] von Professor Pinches, nämlich, dass die Priester beabsichtigten, ihre Schriften so unverständlich wie möglich zu machen. Das grausame Element in der Mythologie, auf das auch Max Müller hinweist, wird durch Professor Sayces Beschreibung der Riten und Zeremonien gezeigt, die bei der Verehrung der Göttin Ishtar praktiziert wurden, zuerst in Erech und danach in anderen babylonischen Städten. Über Erech sagt er:

„Im Namen Ishtars wurden unaussprechliche Gräuel begangen, die in anderen babylonischen Städten an Grausamkeit übertroffen wurden. Die schwarze Ishtar, wie wir sie nennen dürfen, war eine Parodie auf die Göttin der Liebe und die Riten, mit denen sie verehrt wurde, und die Minister, die ihr dienten, waren gleichermaßen Parodien des Kultes, der in Erech praktiziert wurde. Ihre Priesterinnen waren die Hexen, die im Schatten der Nacht ihrer unheilvollen Berufung nachgingen und die giftigen Tränke mischten, die ihren unglücklichen Opfern die Kraft raubten." (*Religions of Ancient Egypt and Babylonia*, Seiten 342-343.)

Es ist durchaus merkwürdig, dass Professor Sayce, der sieht, dass die Priester die früheren Ishtar-Kulte parodierten, dennoch nicht zu wissen scheint, dass das gesamte System der Mythologie mit all seinen Absurditäten und Widersprüchen sozusagen eine Parodie der Wahrheit ist; und, wie Sir William Ramsay meint, waren dessen Mythen und Geheimnisse in Wirklichkeit ‚ausgeklügelte und künstliche Produkte einer kranken Religion'.[89] Dem gegensätzlich vertritt Professor Sayce die Ansicht, dass die biblischen Geschichten aus dieser babylonischen Mythologie entstanden sind.

---

[87] *Cambridge History*, Vol. I, S. 413. Tammuz, Sohn von Innini. Dito, S. 494. Innini identifiziert mit Ishtar, S. 442. „Tammuz und seine Schwester Ishtar."
[88] Siehe S. 53.
[89] *Times Literary Supplement*, September 17th, 1925.

XXI—KAIN DER SONNENGOTT, MERODACH ODER MARDUK

„Durch die geduldige Ansammlung scheinbar unbedeutender Fakten werden die wichtigsten Verallgemeinerungen erreicht." (Devilles *Prolegomena*.)

Selbst wenn wir unter den ältesten babylonischen Göttern keinen finden, dessen Prototyp Kain gewesen sein könnte, so finden wir ihn durchaus in der späteren Mythologie. Er hätte sich nicht selbst vergöttlichen können, aber seine Anhänger hätten nach seinem Tod natürlich sein Andenken auf diese Weise gewürdigt. Die Denkmäler zeigen, dass Sargon vergöttert[90] wurde, und die Worte ‚Sargon ist mein Gott' sind in einigen Inschriften zu finden, aber es ist (meiner Meinung nach) der berühmteste aller babylonischen Götter, Merodach der Sonnengott, der Sargons wirklicher Repräsentant in der Mythologie war. Kommen wir zu Professor Sayces unbeantworteter Frage: „Wer war nun dieser Merodach, dieser Schutzgott von Babylon?"[91] Meine Antwort lautet, dass es sich um den mythologischen Vertreter von Sargon (Kain) handelte; und sicherlich hätte der Name Merodach gut zum rebellischen Kain gepasst, wenn er, wie ein Autor vorschlägt, von marad, ‚rebellieren'[92], abgeleitet war.

Es ist interessant festzustellen, dass die Juden von Kain als ‚dem ersten Freidenker'[93] sprachen.

Wie Lord Byron vermutet, war Kain möglicherweise der Einzige der ersten Adamiten, der gegen das über die gesamte Menschheit verhängte Todesurteil rebellierte. (*Cain, a Mystery*.)

Ein Grund für die Annahme, dass Merodach Kain repräsentierte, ist, dass er der Schutzgott von Babylon war, einer Stadt, die laut Inschriften zu Sargons Zeiten existierte.

„Die Zeichen deuten darauf hin, dass die Stadt Agade kurz nach Sargons erster Invasion im Westen gegründet wurde. Er nahm Erde von den Außenmauern Babylons und weihte die Grenzen seiner neuen Hauptstadt, indem er ihre Außenmauern mit der Erde der heiligen Stadt des Marduk nachzeichnete. Er machte es nach dem Leitbild Babylons." (*Cambridge History*, Vol. I, S. 407.)

In der *Encyclopedia Britannica* lesen wir:

„Die Geschichte der Stadt Babylon lässt sich nun bis in die Zeit von Sargon von Agade (vor 3000 vor Christus) zurückverfolgen, der dieser Stadt offenbar ihren Namen gegeben hat. Es gibt daher allen Grund anzunehmen, dass der Kult des Marduk bereits in dieser frühen Zeit existierte." (Vol. I, Ed. II, *Marduk*.)

---

[90]   *Times History*, Vol. I, S. 362. *Cambridge History*, Vol. I, S. 409.
[91]   *Hibbert Lectures*, S. 92.
[92]   *One Vol. Bible Commentary*, S. 17.
[93]   *One Vol. Bible Commentary*, S. 1064.

Wenn wir die Möglichkeit ausschließen, dass Babylon von den Präadamiten erbaut wurde, könnte Babylon eine der sieben Städte gewesen sein, die in jüdischen Überlieferungen[94] Kain zugeschrieben werden.

Nebukadnezar nennt Merodach in Inschriften ‚der Erstgeborene, der Herrliche, der Erstgeborene der Götter, Merodach, der Fürst'[95]. Man könnte meinen, dies seien angemessene Titel für den Erstgeborenen von Adams Geschlecht.

Marduk oder Merodach ist der am schwersten fassbare babylonische Gott, der mindestens fünfzig Namen[96] hat und die meisten Attribute trägt, die den ersten Göttern Anu, Ea und Bel verliehen wurden. Die Tatsache jedoch, dass Merodach immer der Sohn oder der Erstgeborene von Ea genannt wird, identifiziert ihn umgehend mit Evas ältestem Sohn Kain, wenn ich richtigliege mit der Annahme, dass der Gott Ea die männliche Form von Eva war.

Hier haben wir ein Beispiel für die ausgeklügelte Mystifizierungsmethode der Priester; denn Merodach soll nicht nur der Erstgeborene von Ea gewesen sein, sondern es wird auch gezeigt, dass er der erste Sohn von Ishtar ist, da Davkina, die Frau von Ea, eine andere Form von Ishtar[97] ist. Um ihre Widersprüchlichkeiten zu krönen, wird Merodachs Vater in der Schöpfungsgeschichte nicht, wie anderswo, Ea, sondern Anu[98] genannt. Anu repräsentiert Adam; Ea und Ishtar stellen Eva dar – wer sonst könnte Merodach, ihren erstgeborenen Sohn, versinnbildlicht haben außer Kain?

In einigen Inschriften wird Tammuz auch der Sohn von Ea und Davkina bezeichnet, und so wird gezeigt, dass er der Bruder von Merodach ist, wie Abel von Kain.

Professor Sayce schreibt:

„Tammuz, der Sohn des Flussgottes Ea." (*Hibbert Lectures*, S. 212.)

Darüber hinaus wird Sargon als der Sohn von Ea bezeichnet, und eine Inschrift, in der er als solcher genannt wird, ist ein gutes Beispiel für die Methode der Priester, die Wahrheit zu verschleiern und sie sozusagen zwischen den Zeilen erscheinen zu lassen. Sie besagt:

„Sargon, der mächtige Mann, Sohn des Gottes Ea, Prinz des Mondgottes, gezeugt von Tammuz und Ishtar." (*Worship of the Dead*, Garnier, S. 399.)

---

[94] *Biblical Antiquities of Philo*, M. R. James, S. 77.

[95] *Hibbert Lectures*, S. 97.

[96] Asari – wird für Marduk immer nur als Beiname verwendet, wie in der Tafel der Fünfzig Namen. *Journal of Egyptian Archeology*, 1992, 8.

[97] Ishtar erbte die Eigenschaften von Davkina. *Hibbert Lectures*, S. 264.

[98] „Marduk ist König ... sie verliehen ihm Zepter, Thron und Paläste ... an seiner Seite warf er das Netz, das Geschenk seines Vaters Anu." *The Story of Creation. The Origin of Bible Tradition*. A. T. Clay, S. 203.
„Anu hatte eine Keule und einen Bogen in die Hand Merodachs gelegt." (*Hibbert Lectures*, 1887, S. 102.)

Der Name Tammuz wird in dieser Inschrift offensichtlich verdeckt eingeführt, doch indem die Priester zeigen, dass Sargon ‚der Sohn von Ea und Ishtar' war, unterstützen sie meine Ansicht, dass diese beiden Namen Eva repräsentierten. Gleichzeitig scheint die Tatsache, dass sowohl Sargon als auch Merodach als ‚der Sohn von Ea und Ishtar' bezeichnet werden, zu beweisen, dass Merodach der mythologische Vertreter von Sargon war, und wenn nun Kain dieser Sargon war, dann war Merodach der mythologische Repräsentant von Kain.

Aus den Schriften der Priester geht hervor, dass Merodach und Tammuz Brüder waren; aber hätten sie auch gezeigt, dass Merodach Tammuz ermordete, dann wäre es zu offensichtlich gewesen, dass die Ermordung Abels durch Kain erwähnt worden wäre; daher ist es nicht verwunderlich, dass in den Inschriften kein Hinweis darauf gefunden wurde. Auf der anderen Seite scheint es unwahrscheinlich, dass eine derart beachtenswerte Episode der Kommentierung entgangen ist, wenn man bedenkt, wie anderweitig immer wieder auf Ereignisse hingewiesen wurde, die in den ersten Kapiteln der Genesis geschildert werden. Mein Vorschlag ist daher, dass für Merodach ein Double erfunden wurde – ein weiterer Sonnengott namens Adar – und dass dieser anstelle von Merodach Tammuz ermordet haben soll. Andere babylonische Götter hatten ebenfalls Doppelgänger, und Professor Sayce schreibt:

„Im Hirten Tabulu haben wir hingegen das Double des Hirten Tammuz selbst." (*Hibbert Lectures*, S. 212.)

Da der Hirte Tammuz einen Doppelgänger hatte, könnte auch der Sonnengott Merodach einen gehabt haben, und dass dieser Doppelgänger der Sonnengott Adar war, scheint festzustehen, denn wir stellen fest, dass Ares, sein Vertreter in der griechischen Mythologie, Tammuz ermordet haben soll. Da bekannt ist, dass die griechische und römische Mythologie von der babylonischen[99] Mythologie inspiriert wurde, können wir annehmen, dass die Geschichte ihren Weg nach Griechenland und Rom gefunden hat, obwohl in den babylonischen Inschriften kein Hinweis auf die Ermordung Abels durch Kain gefunden wurde.

---

[99] *Ency. Brit.*, Ed. II. Canis Major.

XXII—ADAR UND ARES IN VERBINDUNG MIT KAIN

Professor Sayce konstatiert:

„Ein anderer Titel verbindet Adar mit dem Ares der griechischen Mythologie, der in Gestalt des Wildschweins den Sonnengott Tammuz erschlug." (*Hibbert Lectures*, S. 153.)

Außerdem verbindet er Adar mit Kain, indem er anführt, dass

„der Titel von Adar ‚Herr der Dattel' … die Hauptfrucht Babyloniens … uns an Kain erinnert, der ‚ein Ackerbauer' war." (*Hibbert Lectures*, S. 153.)

Der Titel ‚Herr der Dattel' verbindet Adar auch indirekt mit Sargon von Akkad, denn die ‚Datteln von Akkad' werden oft in Inschriften[100] erwähnt.

Wie wir später sehen werden, wird Merodach die Bewässerung und Landwirtschaft Babyloniens[101][102] zugeschrieben, was wiederum auf Kain hindeutet und daher womöglich auf den Titel ‚Herr der Dattel' schließen lässt; dieser Titel wurde Merodachs Doppelgänger Adar verliehen.

Professor Sayce weist darauf hin, dass Tammuz der mythologische Abel war, und somit repräsentierte Merodach (Tammuz' Bruder) offensichtlich Kain. Überdies stellt der Professor die Vermutung auf, dass der griechische Gott Ares, der Tammuz ermordete, die spätere Figur des babylonischen Gottes Adar war; infolgedessen repräsentierte Adar auch Kain.

Wir können daher annehmen, dass Merodach und Adar identisch waren – sie beide repräsentieren Kain –, und infolgedessen ist somit alles, was in den Inschriften über sie gesagt wird, von Relevanz. Die Tatsache, dass Adar unter anderem ein Riese gewesen sein soll, stützt die Hypothese, dass die ersten Adamiten von großer Statur waren.

---

[100] Siehe Fußnote S. 110.
[101] Seiten 72-73.
[102] S. 110.

Eine weitere Verbindung zwischen Merodach und Sargon besteht darin, dass beide als Hohepriester dargestellt werden; Professor Sayce schreibt:

„Die Würde des Hohepriesters in Babylonien hat seinen Ursprung bei Merodach." (*Hibbert Lectures*, 1887, S. 551.)

Ebenso weist er darauf hin, dass Sargon in Inschriften ‚der erste Hohepriester' genannt wird. (Ditto, S. 26.) Auch hier sollen sowohl Sargon als auch Merodach Gesetzgeber sein; Professor Sayce konstatiert, dass Ersterer als ‚der Erfinder des bürgerlichen Rechts … der sehr Weise' bezeichnet wird (Ditto, S. 26), und

„Merodach wird Asari-elim genannt, der mächtige Fürst, das Licht (der Götter), der Leiter der Gesetze von Anu (Mul-lil) (und Ea)." (Ditto, S. 284.)

Merodach wird im Folgenden wahrscheinlich als Sar-Ziri bezeichnet, denn wer außer Kain hätte der König der Wüste, Sohn von Adam und Eva, sein können?

„Anu und Anatu haben eine große Familie; einer ihrer Söhne ist Sar-Ziri, der König der Wüste." (*Chaldean Genesis*, S. 55.)

Vorausgesetzt, dass Merodach Kain darstellte und dass Ea die weibliche Form von Ishtar oder Eva war, bezieht sich die folgende Inschrift auf Kains Dankbarkeit gegenüber seiner Mutter für sein Wissen.

„Des Weiteren besaß Merodach all seine, im Grunde Eas Weisheit. ‚Mein Kind', hatte Ea zu ihm gesagt, ‚was weißt du nicht und was könnte ich dich lehren? Was ich weiß, weißt du auch.'" (*Mesopotamia*, Delaporte, S. 141.)

Nach meinem Dafürhalten finden wir in der folgenden Passage zwei unterschiedliche Beschreibungen von Kain. Merodach verkörpert Kain, als er unter dem Einfluss seiner Mutter stand, und Adar repräsentiert ihn im späteren Leben unter dem Einfluss des Teufels. Professor Sayce schreibt:

„Adar steht in derselben Beziehung zu Mul-lil wie Merodach zu Ea. Jeder ist gleichermaßen der Sohn und Bote des älteren Gottes. Aber während es sich bei den Aufträgen, mit denen Merodach gesandt wird, um Botengänge der Barmherzigkeit und der Wohltätigkeit handelt, sind die Botendienste von Adar diejenigen, die einem unversöhnlichen Krieger gebühren. Er kämpft nicht wie Merodach gegen die Macht der Finsternis, denn der Vater, dessen Befehlen er gehorcht, ist selbst der Herrscher der Mächte der Finsternis. Wie in der Geschichte der Sintflut sind auch seine Waffen gegen die Menschheit gerichtet. Er ist der Sonnenheld, der der Finsternis angehört und nicht dem Licht." (*Hibbert Lectures*, S. 154.)

Wenn, wie ich behaupte, die Priester Kain als den Sonnengott Merodach oder Adar darstellten und sich damit amüsierten, unter diesem Deckmantel der Täuschung Hymnen an Kain zu

71

richten, so könnten sich die folgenden Zeilen auf Kains Bewässerungsarbeiten in Babylonien beziehen:

1. „Wer kann deiner Botschaft (piridi oder puridi) entkommen?
2. Dein Wort ist der höchste Fallstrick, der gegen Himmel und Erde gespannt ist.
3. Es wendet sich dem Meer zu, und das Meer fürchtet es.
4. Es wendet sich dem Sumpf zu, und der Sumpf trauert.
5. Es wendet sich an den Kanal des Euphrat, und
6. das Wort von Merodach stört sein Flussbett.
7. Oh Herr, du bist der Höchste! Wen gibt es, der es mit dir aufnehmen kann?
8. Oh Merodach, unter den Göttern, wie so viel einen Namen haben, bist du derjenige, der sie beschützt!" (*Hibbert Lectures*, S. 497.)

Zudem erscheint es denkbar, dass sich die folgende ‚Litanei' auf Kains landwirtschaftliche Errungenschaften in Babylonien bezieht:

17. „Beschwörung – Oh Merodach, Herr der Welt … Fürst,
18. Starker, Einzigartiger, Mächtiger (gitmalu) …
19. Oberster Held (tizqaru), der Feindseligkeit (bezwingt) …
20. kraftvoll, König von …
21. Merodach, dessen Blick (paqtu) (über die Welt ausgedehnt) ist …
22. Vision und Wahrsager (?) … der Glorreiche
23. göttlicher Sohn des heiligen Hügels … (Garten Eden?) (siehe S. 63.)
24. Die Waffe der Überschwemmung in seiner Hand (verweist) …
30. Beglücker (khada) des Getreides und der … Schöpfer des Weizens und der Gerste, Erneuerer der Herde …"[103] (*Hibbert Lectures*, S. 537.)

Es ist auch vielsagend, dass Kain in der Bibel ‚ein Ackerbauer' ist, während Merodach im babylonischen Tierkreisschema war

„der Pflüger der himmlischen Felder, der Sonnengott, der seinen stetigen Weg durch die himmlischen Zeichen beschritt wie der geduldige Ochse, der den Pflug durch die unteren Felder schleppt." (*Hibbert Lectures*, S. 291.)

Merodach soll unter dem Titel Asari unter anderem sein:

„Der Spender der Fruchtbarkeit, der Begründer der Landwirtschaft, der Schöpfer des Getreides und der Pflanzen, der das grüne Kraut sprießen lässt." (Clay, *The Origin of Biblical Traditions*, S. 211.)

Mit folgenden Worten mag angedeutet sein, dass Kain, d.h. Merodach, das Wissen über spirituelle Dinge nach Babylon brachte:

---

[103] Eine der neuesten Entdeckungen betrifft den Weizenanbau in Babylonien in der frühesten historischen Periode. Siehe Artikel in *The Times newspaper*, 29. Januar 1927, von S. Langdon, Überschrift ‚Wheat in 3500 before Christ'.

„(An) Merodach, den Fürsten der Götter, den Präsentator (bar-bar) der Geister des Himmels und (der Erde).“[104]

Ein weiteres Anzeichen dafür, dass Kain durch den Gott Merodach [Marduk] dargestellt wurde, ist, dass En-lil zwar einer der Götter ist, von denen Inschriften sagen, dass er ‚Marduk die Herrschaft über alle Länder anvertraut hat‘, zudem soll er ihm Sargons Herrschaftsgebiete geschenkt haben. Professor King schreibt:

„Schon länger ist bekannt, dass der frühbabylonische König Sharru-kin, oder Sargon von Akkad, von dem Euphrat bis hin zum Mittelmeer vorgedrungen ist, und wir sind unterrichtet worden, dass auch er von der Sehnsucht nach edlem Holz und Metall befeuert wurde. … Man weiß, dass er nach seiner vollständigen Unterwerfung Südbabyloniens seine Aufmerksamkeit dem Westen zuwandte und dass En-lil ihm die Länder, vom Oberen Meer bis zum Unteren Meer gab, vom Mittelmeer bis zum Persischen Golf.“ (*Legends of Babylon and Egypt*, S. 8.)

Für jeden, der meiner Ansicht folgt, dass Kain von dem Gott Marduk repräsentiert wurde, wird das folgende Zitat interessant sein, da es einige seiner Aktivitäten in Babylonien beschreibt. Dr. Hall schreibt:

„Legenden … schreiben dem babylonischen Gott Marduk das Wort zu, das urzeitliche Chaos durch die Trennung von Land und Wasser in Ordnung zu bringen und die erste Gründung der Häuser der Menschen. … Wir haben hier offenbar eine sehr lebhafte Erinnerung an die Zeit, als ganz Südbabylonien ein Sumpf war. Die Ureinwohner waren auf verschiedenen Inseln verstreut, die aus den Mooren hervorgingen, und auf diesen Inseln entstanden Städte, so wie Ely und Peterborough in England unter ähnlichen Umständen entstanden. Deiche wurden aufgeschüttet und die Sumpfgebiete nach und nach zurückerobert, bis der Dämon des wässrigen Chaos Tiamat, endgültig besiegt, sich aus dem Land zurückzog. Marduk hatte die Erde und die beiden großen Flüsse erschaffen und, wie es in der Legende heißt, ‚ihre Namen für gut erklärt.‘“ (*Legends of Babylon and Egypt*, S. 8.)

Den Priestern ist es gelungen, ihr Bild vom Sonnengott zu verwischen, indem sie ihm nicht nur mehrere Namen gegeben haben (Merodach, Asari, Adar usw.), sondern auch noch zwei andere Sonnengötter, Samas und Tammuz, zusätzlich in ihre Schriften einführten; allerdings ist bekannt, dass Samas eine spätere Erfindung war (womöglich Sem darstellend) und Tammuz, wie wir bereits gesehen haben, Abel war.

Wenn ich richtigliege mit meiner Annahme, dass Sargon (König Kain) der große Sonnengott der babylonischen Mythologie war, ist diese Entdeckung von nicht geringer Bedeutung, denn überall auf der Welt gab es in prähistorischen Zeiten *Kulturhelden*, die sich ‚Kinder der Sonne‘ nannten und großartige Zivilisationen gründeten, für die die Forscher keine Erklärung[105]

---

[104] *Hibbert Lectures*, 1887, S. 128.

[105] In einigen fernen Ländern hieß der Sonnengott ‚Kane‘. (*The Children of the Sun*. W. J. Perry, S. 167.)
„Mr. Perry hat sehr ausführlich und mit einer Fülle von Details die erstaunliche Geschichte des Eindringens dieser ‚Kinder der Sonne‘ in fast die ganze Welt beschrieben, so dass ihre Spuren in Indien, Malaysia, China, Japan und auf den pazifischen Inseln sowie in Mittelamerika und Peru (den Inkas) sichtbar sind.“ (H. J. Massingham, *Fee, Fi, Fo, Fum*, S. 30.)

hatten. Moderne Forschungen belegen die Wahrscheinlichkeit, dass diese Zivilisationen ihren Ursprung entweder in Ägypten oder in Babylonien hatten, und da heute gelehrt[106] wird, dass die ersten großen Herrscher Ägyptens von Mesopotamien aus nach Ägypten kamen, liegt die Annahme nahe, dass Babylonien die Quelle dieser Zivilisationen war. Professor Sayce schreibt:

„Die pharaonischen Ägypter – also die Ägypter, die den Nil eindämmten, die Sümpfe und die Wüste in bewirtschaftete Felder verwandelten, die Tempel und Gräber bauten und die Monumente hinterließen, die wir mit der ägyptischen Kultur assoziieren – scheinen aus Asien gekommen zu sein; es ist wahrscheinlich, dass ihre erste Heimat in Babylonien lag." (*The Religions of Ancient Egypt and Babylonia*, S. 22.)

Ein neuerer Autor, auf der Suche danach, was den Menschen ursprünglich zur Idee der Bewässerung inspiriert haben könnte, argumentiert, dass diese Erfindung eher in Ägypten stattgefunden hat, denn die Auswirkungen, die die Überschwemmungen des Nils auf die ägyptischen Ernten hatten, inspirierte die Einwohner möglicherweise auf die Idee einer künstlichen Bewässerung, während die Babylonier durch die Überschwemmung ihrer Flüsse[107] dies nicht gelernt hätten. Er vermutet daher, dass die Kunst der Bewässerung, die erstmals in Ägypten erlernt wurde, von dort nach Babylonien übertragen wurde, und betrachtet Ägypten als die Wiege der Zivilisationen. Professor Perry stimmt dem zu und konstatiert:

„Diejenigen, die das Bewässerungssystem Mesopotamiens einführten, müssen mit bewusster Absicht vorgegangen sein." (*The Children of the Sun*, W. J. Perry, S. 429.)

Diese bewusste Absicht schreibe ich Sargon von Akkad zu, und da es tatsächlich keine Beweise dafür gibt, in welchem dieser Länder Bewässerung zuerst existierte, ist diese Annahme angesichts der Wahrscheinlichkeit, dass es sich um Kain[108] handelte, sicherlich gerechtfertigt. Die Wissenschaft liefert keine zufriedenstellende Erklärung für die antike Bewässerung Babyloniens und Ägyptens. Sämtliche Bemühungen, diese Entwicklung zu verfolgen, waren erfolglos. Nichts Geringeres als das gottähnliche Wissen, das Adam und Eva besaßen, und dessen Übertragung auf ihre Söhne kann dies hinreichend erklären.

Ein moderner Romanautor lässt in seiner Fantasie den Philosophen sprechen.

„Wo immer Landwirtschaft betrieben wurde, gab es Traditionen eines Blutopfers, eines Menschenopfers. Ich konnte mir nie hinreichend vorstellen, warum das so hätte sein sollen; aber ganz deutlich war es so. ... Die Maya- und Aztekenreligionen waren unfassbar blutig." (*World of William Clissold*, H. G. Wells, S. 217.)

Die irrsinnige Boshaftigkeit Kains und seiner Nachkommen liefert meiner Meinung nach die angemessenste Auflösung dieser heiklen Problematik.[109]

---

[106] Von Professor Sayce, Flinders Petrie, Elliot Smith und anderen.
[107] *The Children of the Sun*, W. J. Perry, S. 429.
[108] Siehe Anhang F.
[109] Siehe Anhang D, auch S. 108.

Während Kain als Merodach offenbar mit Titeln wie ‚Erlöser der Menschheit‘, ‚Erneuerer des Lebens‘, ‚Erwecker der Toten‘[110] geehrt wird, war der Name Tammuz, den die Priester Abel gaben, sicherlich absichtlich beleidigend. Gleichermaßen müssen die oben erwähnten Titel, wenn sie auf Kain (d.h. Sargon) angewendet wurden, absichtlich irreführend oder ironisch gewesen sein, da es allen Grund gibt, Kain als Satans treuen Verbündeten zu betrachten. Wenn, wie ich aufzuzeigen hoffe, der Name Tammuz eine Kränkung war, erhält Professor Sayces Aussage, dass „der Name Tammuz höchstwahrscheinlich am Hofe von Sargon[111] erfunden worden ist“, eine neue Bedeutung.

Professor Delitzsch behauptet, dass der Name Tammuz ‚wahres echtes Kind‘ bedeutete. Eine andere Autorität vertritt derweil die Ansicht, dass der Name für ‚Herr des Lebens‘ stand, allerdings argumentiert Dr. Ball in einem Artikel der Society of Biblical Archaeology (1894), dass es sich tatsächlich um ein Schwein handelte, zudem es „bis heute im türkischen ‚domunz‘ als Ferkel oder Schwein fortbesteht“, und fügt hinzu:

„Im Chinesischen wird uns eine Reihe von Begriffen für Schwein präsentiert, in denen offensichtlich beide Elemente des akkadischen Domuzi (Schwein) vorkommen.“

Diese Meinung wird unbewusst von Sir James Frazer unterstützt, der festhält, dass Adonis und Attis die späteren Formen von Tammuz waren und diese mitunter als Eber oder Schweine angesehen wurden und dass:

„als Regel festgestellt werden kann, dass ein Tier, das einen Gott verletzt haben soll, ursprünglich der Gott selbst war. Möglicherweise dürfte der Ruf ‚Hyes Attis, Hyes Attis‘, der von den Anbetern von Attis erhoben wurde, nicht mehr oder weniger die Bedeutung ‚Schwein Attis‘ haben. Hyes ist unter Umständen eine phrygische Form des griechischen ‚Hyes‘, ein Schwein.“ (*Der goldene Zweig*, 2. Edition, Bd. 2, S. 22.)[112]

Er bemerkt auch, dass es war

„in Übereinstimmung mit der unklaren religiösen Vorstellung, dass das Schwein als Verkörperung des göttlichen Adonis hätte angesehen werden sollen.“ (*Der goldene Zweig*, 2. Edition, Bd. 2, S. 23.)

Die einzige Kontinuität, die ich in dieser paradoxen Anordnung finden kann, ist die, dass in einem Land, in dem Kain der ‚Held der Helden‘ war, Abels Andenken möglicherweise durch die entwürdigende Bezeichnung ‚Schwein‘ beleidigt wurde. Dass dies der Fall war, wird durch die Tatsache erwiesen, dass, obwohl die babylonischen Inschriften Ishtar (Eva), die Mutter von Tammuz, nicht mit einem Schwein in Verbindung bringen, Demeter, ihre Vertreterin in der griechischen Mythologie, mit einem Schwein dargestellt wird.

---

[110] *Assyria: its Princes, Priests and People.* Sayce, S. 60.

[111] *Hibbert Lectures*, S. 233.

[112] „Das Monster, vor dem Andromeda gerettet wurde, ist lediglich eine weitere Darstellung ihrer selbst.“ (*The Evolution of the Dragon*, Elliot Smith, S. 119.)

DEMETER MIT KLEINEM SCHWEIN

Siehe S. 77.

Demeter war eindeutig eine spätere Form von Ishtar, denn so wie Ishtar angeblich in die Unterwelt hinabsteigt, um Tammuz zu retten, ebenso steigt Demeter in den Hades hinab, um Persephone zu retten. Gleichermaßen, wie Ishtars Weggang dazu führt, dass jegliche Fruchtbarkeit aufhört, so hört sie auch auf, wenn Demeter sich an einen Zufluchtsort zurückzieht; und genau wie Ea, die männliche Form von Ishtar, der Menschheit durch Merodach die Künste der Landwirtschaft, der Bewässerung und des Rechts verleiht, werden diese Künste in Griechenland Demeter zugeschrieben.

Eines von Demeters Symbolen, eine Schlange[113], dient dazu, sie mit Eva zu verbinden, während ein anderes, ein kleines Schwein, sie mit Abel (Tammuz) verbindet.

„Ihre Attribute sind Mohnblumen und Kornähren (auch ein Symbol der Fruchtbarkeit), ein Obstkorb und ein kleines Schweinchen[113]." (Siehe Abbildung S. 76.)

Und so finden wir in der klassischen Kunst die Muttergöttin, die mit einem Schwein dargestellt wird – den Eber, der Tammuz tötete und daher selbst Tammuz war;[114] Tammuz, der Hirte, der in Eden lebte, der in jungen Jahren getötet wurde und von der Göttin Ishtar, der ‚Mutter der Menschheit' und ‚Dame von Eden', geliebt und betrauert wurde. Wer außer Abel könnte das Schwein verkörpern, und wer außer Eva die Göttin?

Dies ist ein gutes Beispiel für den grotesken und spöttischen Charakter der babylonischen Mythologie und für ihren fast unmerklichen Einzug in Europa.

Es ist erstaunlich, dass sich die Geschichte überwiegend aus zusammenhanglosen Aussagen über mythologische Charaktere in der ‚sumerischen Sprache' entwickelt, während der historische Wert der eindeutigen Geschichten der Genesis bestritten wird; denn wie der Logiker Whateley schrieb:

„Die heidnische Mythologie ist nicht nur nicht wahr, sie wurde auch nicht einmal als wahr anerkannt; ihr gebührt nicht mal ein Glaube, sie verlangt auch keinen. Der besondere Anspruch auf Wahrheit, die Forderung des Glaubens sind charakteristische Unterscheidungsmerkmale des Christentums."

Gleichzeitig liegt die wahre Geschichte zwischen den Zeilen der babylonischen Inschriften verborgen, wenn es sich, wie ich denke, um die korrupte Version der in der Bibel aufgezeichneten Ereignisse handelt. Wenn diese Ansicht übernommen wird, erhält die ‚Legende von Sargon', die wir im Folgenden untersuchen werden, ihre volle Bedeutung.

---

[113] *Dictionary of Classical Antiquities*, Nettleship, S. 178.
[114] Professor Sayce sagt: „Attys war Tammuz" (*Hibbert Lectures*, S. 235), während Sir J. Frazer Attys mit Adonis verbindet (siehe S. 75). George Smith sagt: „Tammuz wurde zu Adonis." (*Chaldean Genesis*, S. 238, 1880.)

XXV—SARGON (KÖNIG KAIN) VON AKKI DEM TEUFEL ADOPTIERT

Wir können es kaum als Zufall betrachten, dass Apostel Johannes mit Bezug auf den Teufel sagt: „Kain war von dem Bösen". Auch ist es kein Zufall, dass Sargon von der babylonischen Priesterschaft beschrieben wird als ‚der Sohn oder der Schützling des Teufels'. Dies ist eines der stärksten Anzeigen für die Identität von Kain mit Sargon. Sargon wird in verschiedenen Inschriften als ‚der Sohn von Bel, dem Gerechten' und ‚der Sohn von Itti Bel' sowie ‚der Sohn von Datti Enlil' betitelt, und Sargons Land wird genannt ‚das Reich von Enlil' oder ‚Bel' oder ‚Baal'; von dem ist auch gesagt, er, ‚Bel' oder ‚Baal', habe dieses Reich Sargon gegeben.

In der ‚Legende von Sargon' nennt Sargon seinen Adoptivvater ‚Akki', was eindeutig ein anderer Name für den Teufel ist, denn er ist linguistisch eng verbunden mit dem Begriff ‚Nakkash' (dem hebräischen Ausdruck für den ‚Schlangenzauberer' in Genesis 3) – mit Ahi, dem Wassergott und der Schlange – mit Ahri-man[115], der im Persischen die ‚Quelle allen Übels, der Teufel' ist – mit Agni, dem indischen Feuergott – mit dem ägyptischen Naka, die Schlange – mit Naga, dem indischen Schlangengott – mit dem Maori-Demiurgen Tiki und mit Agu oder Acu, einem anderen Namen für den babylonischen Mondgott, auch Sin[116] genannt. Der Mondgott Sin ist unter einem anderen Namen offensichtlich Bel oder En-lil, denn in späterer Zeit entwickelte sich aus dem ursprünglichen Trio Anu, Ea und Bel später die Trinität Shamash, Sin und Ishtar (Shamash verdrängt Anu, Ishtar ersetzt Ea und Sin wird zum Bel).[117]

Die Legende von Sargon, die entdeckt und übersetzt wurde von dem verstorbenen Professor Rolinson, ungefähr im Jahr 1867 nach Christus, wurde wahrscheinlich in seiner gegenwärtigen übersetzten Form im 7. Jahrhundert vor Christus geschrieben. In der *Times History* finden wir die folgende Übersetzung der Legende von Sargon / Shargina:

„Shargina, alias Sargon, der mächtige König von Akkad, bin ich. Meine Mutter war von edler Familie … meinen Vater kenne ich nicht; indes bewohnte der Bruder meines Vaters die Berge. Meine Stadt war ‚Azipiranu'; sie liegt an den Ufern des Euphrat. Meine Mutter aus edler Familie empfing mich und gebar mich insgeheim. Sie tat mich in einen Weidenkorb und verschloss dessen Mund mit Bitumen. Sie warf mich in den Fluss, der mich nicht überschwemmte. Der Fluss trug mich hinweg und brachte mich zu ‚Akki', dem Wasserschöpfer (Wassergott). ‚Akki' zog mich heraus in der Güte seines Herzens. ‚Akki' zog mich auf als seinen eigenen Sohn. ‚Akki', der Wassergott, zu seinem Gärtner machte er mich. Während meiner Betätigung als Gärtner liebte mich ‚Ishtar'. … Jahre, in denen ich (Shargina) die schwarzköpfigen Völker kommandierte und sie beherrschte usw." (*Times History*, Vol. I, S. 360.)

Diese Legende ähnelt in vielerlei Hinsicht der Geschichte von Moses. Das überrascht uns hier nicht. Die Priester des 7. Jahrhunderts vor Christus, die die Legende schrieben, müssen die frühe Geschichte von Moses gekannt haben; dass sie Moses' Geschichte mit der von Kain vermischt haben, stimmt überein mit ihrer üblichen Methode, die Tatsachen zu verwirren, verzerren und zu vermischen sowie Dinge wegzulassen oder hinzuzufügen.

---

[115] Dr. Mossat nennt Ahiman als Namen der Riesen (Nephilim) in 4. Buch Moses 14:22.

[116] „Ur oder Aku, Sin und Itu, in späteren Zeiten allgemein als Sin bezeichnet." (*Chaldean Gen.*, G. Smith, S. 55.)

[117] „Eine zweite Triade wurde aus Sin, dem Mondgott, und seinen beiden Kindern Shamas und Ishtar, dem Planeten Venus, gebildet." (*Mesopotamia*, Delaporte, S. 139.)

Der Wechsel der Ereignisse von den Ufern des Nil (bei Moses) zu den Ufern des Euphrat (Sargon) ist genau das, was wir erwarten konnten. Die Geschichte von Moses in einem Schilfkorb, gerettet durch eine ägyptische Prinzessin, hat vielleicht die dramatischen Instinkte der Priesterschaft angesprochen. Andererseits wird hier auf Kains Geschichte deutlich angespielt, nämlich seine Tätigkeit als Gärtner – die Liebe von Ishtar (Ishtar alias Eva) zu ihm in seiner Jugend – seine geheimnisvolle und plötzliche Ankunft in Babylon – seine Adoption durch den Teufel ‚Akki‘ und seine lange Herrschaft über eine niedere Rasse (die Schwarzköpfe). Die Tatsache, dass Sargon sagt, ‚Ishtar habe ihn geliebt als er Gärtner war‘, mag sich beziehen auf die Beendigung von Evas Liebe zu ihm, nachdem er Abel ermordet hatte.

Offenbar nimmt Professor Sayce die Legende als wahre Geschichte und kommentiert sie:

„Der Fluss Euphrat weigerte sich, seinen zukünftigen Herrn zu ertränken, und brachte das Kind sicher zu Akki, dem Wassergott, dem Repräsentant der akkadischen Landbevölkerung,[118] die das Land für ihre semitischen Herren bestellte. In dieser niedrigen Stellung und inmitten einer unterworfenen Rasse wurde Sargon aufgezogen. Akki empfand Mitleid mit dem kleinen Waisenkind und zog ihn auf, als wäre er sein eigener Sohn. Als er älter wurde, wurde er damit beauftragt, den Garten zu bestellen und Obstbäume zu kultivieren, und während er diese bescheidene Tätigkeit verrichtete, weckte er die Liebe der Göttin Ishtar. Dann kam die Stunde seiner Errettung aus dieser niedrigen Stellung, und wie David bestieg er den Thron. Für viele Jahre regierte er die schwarzköpfige Rasse." (*Hibbert Lectures*, S. 27.)

Man hat nun die Wahl zwischen dieser charmanten Geschichte und meiner anderen Erklärung, nämlich, dass sie eine Parodie der wahren Geschichte Kains ist, der den Teufel als seinen Ratgeber oder Erzieher akzeptierend annahm und somit über die Präadamiten herrschte, die er einst gefürchtet hatte.

Als Beispiel für die Widersprüchlichkeit der Priester sagt Sargon in dieser Legende, dass er ‚seinen Vater nicht kannte‘, während er an anderer Stelle Dati-Enlil als seinen Vater bezeichnet. Professor King, der ebenso wie Professor Sayce die Inschriften ernst nimmt, sagt:

„dass Shar-Gani-sharri (Sargon) der eigentliche Gründer seiner Dynastie war, geht aus der Inschrift auf seinen in Nippur gefundenen Torbodensockel hervor, die seinem Vater Dati-Enlil keinen Titel zuschreibt. Dies beweist, dass seine Familie nicht einmal das Patesiat (Herrscher einiger sumerischer Stadtstaaten, Priesterkönig) oder die Oberherrschaft über Akkad unter der Oberhoheit von Kisch innehatte." (*Sumer and Akkad*, S. 232.)

Es ist durchaus verwunderlich, wie diese Autoritäten, die diese Legenden als wahre Geschichte annehmen, Sargons widersprüchliche Aussagen hinsichtlich seines Ursprungs erklären.

---

[118] Beachten Sie, dass es sich bei dieser ‚akkadischen Landbevölkerung‘ um das Volk (auch Sumerer genannt) handelte, das Assyriologen als Begründer der babylonischen Zivilisation und Kultur ansehen.

In Verbindung mit den verschiedenen Titeln und Namen, die dem Teufel gegeben werden, schlage ich eine weitere Möglichkeit vor. Kann nicht der Name ‚Akkad‘, mit dem Babylon manchmal in Inschriften bezeichnet wird, vom Namen ‚Akki‘ (dem Teufel) abgeleitet sein, denn Teile Babyloniens scheinen nach Kain benannt worden zu sein?

Die *Cambridge History* spricht vom ‚alten Khana am mittleren Euphrat‘[119], und obwohl Professor Waddell vermutet, dass der Name ‚Khana‘ das Land des Schilfes (oder des Schilfrohrs) bedeutete und der Name eben beschreibend sei für die ursprünglich wilden Aspekte Babyloniens;[120] da scheint es mir doch möglich, dass es sich um das Land Kains handelte. Besonders, weil George Smith über eine Stadt in Babylonien namens Kan-nan schreibt, deren Einwohner Kanunai genannt wurden, und er betont, dass diese nicht mit den Kanaanitern von Phönizien[121] verwechselt werden dürfen. Allerdings vertrete ich aus den in Anhang C genannten Gründen die Überzeugung, dass in beiden Fällen die Namen abgeleitet wurden von Kain.

---

[119]   Vol. I, S. 467 und sehen Sie darüber auf S. 20.
[120]   *Asiatic Review*, April, 1926.
[121]   *Chaldean Genesis*, 1880, S. 316.

Aus der regelmäßigen Erwähnung eines obersten bösen Geistes in den babylonischen Inschriften können wir urteilen: Der Teufel war für die Babylonier realer als für manche ‚modernen' Denker. Er (der Drache, der Teufel) war, wie wir sahen, Sargons Retter und Beschützer. Er gab Sargon die Herrschaft und Untertanen; er war die Gottheit, die Sargon anbetete, und Sargon war sein Priesterkönig.[122] Satan wird auch angesprochen als gleich mit oder auch über ‚Anu' stehend, dem Vater der Götter und König des Himmels, in vielen Hymnen, Gebeten und Anrufungen. Man könnte meinen, dass pure Angst vor ihm zu solchen Fürbitten geführt haben muss wie:

> „Oh göttlicher Enlil, Vater von Sumer,
> oh Hirte der dunkelköpfigen Völker.
> Oh Held, der durch eigene Macht alles sieht,
> starker Herrscher die Menschheit dirigierend.
> (*Religions of Babylonia and Assyria*, M. Jastrow, S. 72.)[123]

Fragmente wie die folgenden bringen unterschiedliche Empfindungen zum Ausdruck:

> „Der böse Geist lauert in der Wüste,
> an die Seite des Mannes hat er sich genähert.
> Das böse Genie ist ewig zügellos
> und niemand kann ihm widerstehen.
> Der böse Geist geht hinterhältig in der Wüste umher

und

> verursacht ein Blutbad unter den Menschen,
> der böse Teufel streift durch die Stadt,
> es hat keine Ruhe (?) davon, Menschen abzuschlachten."
> (*The Devils and Evil Spirits of Babylonia*,
> R. C. Thompson, Vol. 2, S. 105.)

Ebenfalls hat der Titel, dem Bel in einigen Inschriften gegeben wird, z. B. ‚Sin, der Erhöher von Hörnern'[124] [der die Hörner (die Macht) erhöht; Horn = Zeichen für Macht], eine düstere Sinnhaftigkeit. Nur eine intimere Bekanntschaft mit dem bösen Geist, als wir uns vorstellen können, kann die Existenz des großen Werks mit 72 Büchern (wie Professor Sayce es beschreibt) in Babylonien erklären, das einen Teil von Sargons Bibliothek bildete und ‚Beobachtungen' oder ‚Erleuchtungen von Bel'[125] genannt wird.

---

[122] Zuvor erwähnt, Seiten 47, 48.

[123] Siehe Anhang F.

[124] Siehe Fußnote S. 48.

[125] In den ‚Beobachtungen von Bel' (The Observations of Bel) können wir den Ursprung des Menschenopfers verfolgen, vor dem die Israeliten gewarnt wurden, nachdem sie Ägypten verlassen hatten, wo es von heidnischen Priestern praktiziert wurde (Lev. 18:21).
Professor Sayce schreibt:
„In dem großen Werk über Astronomie mit dem Titel ‚The Observations of Bel' wird uns gesagt, dass „auf den Höhen der Sohn verbrannt wird" (*Hibbert Lectures*, 1887, S. 59), und er bemerkt, dass dies „beweist, dass die Opferung von Kindern eine babylonische Institution war."

Professor Sayce schreibt:

„Bis zu der Zeit von Berossos, einem babylonischen Historiker, erinnerte man sich daran, dass der Gott ‚Bel‘ selbst der traditionelle Autor war, und das Werk wird manchmal zitiert mit dem einfachen Ausdruck Bel." (*Hibbert Lectures*, S. 29.)

„In den ‚Beobachtungen Bels‘ sind die Sterne bereits ausgestattet mit einem göttlichen Charakter. Die Planeten sind Götter wie die Sonne und der Mond und die Sterne wurden mit bestimmten Gottheiten des offiziellen Pantheons identifiziert oder ihnen gewidmet. Der gesamte Himmel sowie die Mondphasen sind zwischen den drei höchsten Gottheiten Anu, Bel und Ea aufgeteilt. Tatsächlich ist diese Astrotheologie ein System der Sternenanbetung. Diese Astrotheologie muss bis in die ältesten Zeiten unseres Weltzeitalters zurückreichen; alleine schon die Keilschrift ist Beweis dafür." (S. 400.)

Diese Bemerkungen von Professor Sayce bieten Anlass zum Nachdenken. Wer, wenn nicht der Teufel, ‚der Prinz der Macht der Lüfte‘ oder auch genannt ‚der Geist, der nun arbeitet in den Kindern des Ungehorsams‘ (die Kinder der Übertretung, die Kinder der Ungeheuerlichkeit) – wer sonst sollte diese Astrotheologie erfunden haben, diese Anbetung des ganzen Heers des Himmels? Meines Erachtens ist es völlig unmöglich, dass die Astrotheologie von einer niederen Rasse, möglicherweise Negroiden, erfunden worden sein soll, obwohl einige Assyriologen bereit sind, diese den Sumerern zuzuschreiben.

Der Professor schreibt über die ‚Beobachtungen von Bel‘:

„Das Werk wurde in späteren Tagen, lange vor unserer Epoche, vom Historiker Berossos ins Griechische übersetzt. Obwohl das Originalwerk im Laufe seiner Weitergabe durch Generationen babylonischer Astronomen durch zahlreiche Ausgaben ergänzt wurde, enthielt es so viele Aufzeichnungen von Eklipsen, dass das hohe Alter der babylonischen Astronomie selbst in der fernen Zeit Sargons selbst bewiesen wurde." (*Hibbert Lectures*, S. 29.)

Bei allem Respekt – ich denke jedoch, dass diese zahllosen Berichte von Eklipsen interpoliert (d.h. Schrift wurde verfälscht und auch neu eingefügt) wurden von den späteren Priestern Babylons. In Anbetracht der gut bekannten Praxis antiker Historiker, das Alter ihrer Nationen zu übertreiben, beabsichtigen solche Interpolationen, den Eindruck zu vermitteln, dass ihre Geschichte Abertausende von Jahren zurückgeht. Falls der Teufel Sataniel wirklich der Urheber der Astrotheologie war, mag sie selbstverständlich Tausende von Jahren zurückreichen, sogar zahllose Zeitalter vor Adam, ausgenommen der Tatsache, dass in den ‚Beobachtungen Bels‘ die Himmel unterteilt sind zwischen ‚Anu‘, ‚Bel‘ und ‚Ea‘, was den Schluss zulässt, dass diese Form der Astrotheologie nach der Erschaffung unserer ersten Eltern erfunden wurde.

Es gibt weitere Anzeichen dafür, dass der Teufel eine wirkliche und substanzielle Rolle spielte im antiken Babylon; zum Beispiel scheint er auch ihr Königsmacher gewesen zu sein. Professor Sayce beschreibt die Krönungszeremonie babylonischer Könige wie folgt:

„Der Anwärter auf die Königswürde nahm die Hand Bels, wie es genannt wurde, und wurde dann der adoptierte Sohn des Gottes. Bis zu dieser Zeremonie war er, gleichgültig wie sehr er de facto ein König gewesen sein mag, es de jure nicht so … der rechtskräftige Titel konnte von Bel, und nur von Bel, verliehen werden." (*Babylonian and Assyrian Life*, S. 36.)

Ist es übertrieben, anzunehmen, dass diese Zeremonie an einen unheiligen Pakt zwischen Kain und dem Teufel erinnert haben könnte – dem verbannten Mann und den in Ungnade gefallenen Geist? Eine Überlieferung beschreibt, wie Satan den Mordgedanken in Kains Geist einpflanzte. Können wir nicht daraus die Schlussfolgerung ziehen, dass Kain auf die gleiche Weise dazu inspiriert wurde, Götzendienst zu etablieren? George Smith ging davon aus, dass die hier gezeigte Zeichnung darstellt: ,Bel begegnet dem Drachen'[126], allerdings habe ich den Eindruck, dass wir darin sehen, wie Kain, d.h. Sargon, ,die Hand von Bel ergreift'. (Siehe Abb. S. 55.)

Weder in der hebräischen Literatur noch in der babylonischen Literatur werden Bel und der Drache als Antagonisten (Widersacher) repräsentiert. Im Gegenteil, sie sind offensichtlich verschiedene Formen desselben Gottes, weshalb es keine Berechtigung für die Schlussfolgerung gibt, dass diese Zeichnung einen Kampf zwischen den beiden darstellt. Es ist sogar möglich, dass das Wort Drache (dragon) von Dagon stammt, was gemäß Professor Jastrow nur ein anderer Name für Bel[127] war. Die Zeichnung könnte natürlich den Kampf zwischen dem Sonnengott Marduk und Tiamat darstellen (ein Lieblingsmotiv babylonischer Künstler). In diesem Fall können wir darin immer noch ein Porträt von Kain sehen unter dem mythologischen Deckmantel von Marduk oder Merodach. (Siehe Abbildung S. 84.)

Die biblische Lehre über den Teufel ist klar und eindeutig. Er wird im Neuen Testament mindestens fünfzig Mal erwähnt, und doch gibt es mittlerweile selbst unter den Geistlichen eine spürbare Zurückhaltung, wenn es darum geht, an seine Existenz zu glauben, von denen einer in der *Encyclopedia Britannica* schreibt:

> „Selbst in dieser Angelegenheit kann die Lehre Jesu entweder als Anpassung an die Ansichten derer, mit denen er zu tun hatte, betrachtet werden, oder, was noch wahrscheinlicher ist als Beweis für die Begrenztheit des Wissens, die eine notwendige Bedingung der Menschwerdung war." (Ed. XI, *The Devil.*)

Die fehlende Gewissheit der letzten Zeilen bedarf keines Kommentars, doch es ist durchaus legitim, sich die Frage zu stellen, wie gerne ein moderner Lehrer beschuldigt werden würde, seine Ansichten an die seiner Schüler anzupassen.

---

[126] *Chaldean Genesis*, S. 95.
[127] M. Jastrow, *Babylonian and Assyrian Religions*, S. 154. Und Professor Sayce sagt: „In W.A.I. (Western Asiatic Inscriptions) III, 68, 21, wird Dagon mit Mul-lil identifiziert." (*Hibbert Lectures*, 1887, 1888.)

DER SONNENGOTT MERODACH ODER MARDUK

Siehe Seiten 67-84.

Reproduziert von *Chaldean Genesis* von G. Smith (1876).

Verblüffende Möglichkeiten ergeben sich aus der Tatsache, dass Sargon über die ‚Kinder von Bel'[128] und das ‚Reich von Enlil'[129] geherrscht haben soll, und dass ihm seine Untertanen, die ‚Schwarzköpfe', von Akki (ein anderer Name für den Teufel) anvertraut wurden. Wir stehen vor einem Problem, auf dessen Lösung wir nicht hoffen können – warum wurden diese Menschen derart stigmatisiert, dass sie dem Teufel angehörten? Für uns ist klar, dass der Bibel und den babylonischen Inschriften zufolge zu Beginn der Geschichte zwei nicht-adamitische Rassen existierten. Die Menschen, von denen Kain fürchtete, sie könnten ihn töten und unter denen er schließlich eine Stadt aufbaute, waren offensichtlich die ‚Schwarzköpfe', über die Sargon herrschte und die vor Adam existiert haben müssen. Überdies gab es noch eine andere Rasse, die zu Kains Lebzeiten auf der Erde wandelte, mit dem Ruf, böse zu sein, halb Mensch – halb Geist (halb Engel), wie sowohl aus der Bibel als auch aus babylonischen Denkmälern hervorgeht. Diese Wesen werden in der Bibel die Nephilim, Rephaim oder die Gefallenen genannt, und von ihnen wird gesagt, die Kinder der Gefallenen Engel zu sein – die Gefallenen Engel, die sich als Frauen die Töchter Adams wählten.

Wie Professor King betont, gibt es eine Parallele in den den babylonischen Inschriften:

„Zu den Umständen, die der Geburt der Nephilim vorausgingen, zu Beginn des sechsten Kapitels der Genesis, denn in ihnen wird der Nachkommenschaft der Vereinigung von Adamiten und sogenannten Göttern (Gefallene Engel) große Fähigkeiten oder Ansehen zugeschrieben. Den Überlieferungen zufolge blickten die Sumerer auf eine Zeit zurück, als die Götter zusammen mit den Menschen auf der Erde lebten. … Wir lesen von zwei sumerischen Helden, ebenfalls Herrscher von Städten, die väterlicherseits oder mütterlicherseits göttlichen Ursprungs waren, aber nicht von beiden Seiten." (*Legends of Babylon and Egypt*, S. 39.)

Die babylonischen Inschriften beschreiben diese prähistorische Rasse als zu einer Hälfte Mensch, zur anderen Hälfte ein Tier. Aus dem Kuta tablet of creation (Schöpfungstafel) stammen die folgenden Worte:

„Die großen Götter erschufen Männer mit den Körpern von Vögeln der Wüste und Menschen mit den Gesichtern von Raben bzw. den Gesichtern von Raubvögeln, und auf der Erde erschufen die Götter für sie eine Heimstadt. Tiamat gab ihnen Stärke, ihr Leben die Herrin der Götter erhob. … In den ersten Tagen bewirkten die bösen Götter, die Engel in Rebellion, die im unteren Teil des Himmels erschaffen worden waren, ihre böse Arbeit ersinnend mit bösen Häuptern; es gab sieben von ihnen:

Das erste war …
der zweite war ein großes Tier …
der dritte ein Leopard …
der vierte war eine Schlange …
der fünfte war ein Schrecklicher …
der sechste war ein Schläger, der sich weder Gott noch dem König unterwarf,
der siebte war der Bote des bösen Windes usw." (*Chaldean Genesis*, Seiten 103-107.)

---

[128]   *The First Bible.* Conder. Siehe auch S. 47.
[129]   *Sumer and Akkad.* L. King, S. 242.

So kitschig all das auch sein mag – es drängt sich das Gefühl auf, dass darin düstere Wahrheiten angedeutet werden und dass die babylonischen Schriftgelehrten mehr über diese Mischrasse wussten, als wir aus der Bibel erfahren. In Deuteronomium 3:11, wo von Og, dem König von Baschan, gesagt wird, dass er ,aus dem Überrest der Riesen' stammte, lautet das hebräische Wort, das mit ,Riesen' übersetzt wird, ,rapha' oder ,raphaim'[130] und bedeutet in Wirklichkeit ,eine Art Monster', ein ,Furchteinflößender' und nicht ein ,gigantischer Mann' wie Nimrod, der auf Hebräisch als ,Gibbor' beschrieben wird, was Riese bedeutet. Dies erklärt möglicherweise die Tatsache, dass die Israeliten, denen es am Ende anscheinend leichtfiel, sie auszurotten, zunächst Angst vor ihnen hatten.

Die Existenz dieser Rassen, die sowohl in der Bibel als auch in den babylonischen Schriften bezeugt wird, wird von Wissenschaftlern allem Anschein nach ignoriert. Doch ist das nicht der Grund für die verblüffenden Knochenfunde, die von Zeit zu Zeit in verschiedenen Teilen der Welt gefunden werden? Dürfen wir diesen Rassen nicht den Pithecanthropus Erectus, den Mann von Heidelberg, den Neandertaler, den Negroiden von Grimaldi, den Galley Hill Man, den Lemur-Affenmann usw. zuschreiben – diese furchteinflößenden Vorfahren, mit denen Anthropologen sich und uns schon seit jeher belasten? Es ist beruhigend zu denken, dass der gorilla-ähnliche ,Taung-Schädel', von dem ein gewisser Professor Haeckel behauptete, er sei das Verbindungsglied zwischen Menschen und den Affen, eben doch keine Verbindung haben muss mit Adams Rasse, weil der ,Taung-Schädel' ein Relikt dieser Halbmenschenrasse sein kann.

Während Professor Sayce davon ausgeht, dass die Menschen, die in den Inschriften ,Kinder von Bel' und ,die Schwarzköpfe' genannt werden, wahrscheinlich Negroide[131] waren, gehen andere Autoritäten aufgrund bestimmter Zeichnungen auf den Denkmälern davon aus, dass es sich um einen sehr eigenartigen Typ handelte, weiße Menschen vielleicht, aber sicherlich abnormal. Diese eigenartigen Menschen sollen die Sumerer gewesen sein, die der sumerischen Schule zufolge die Kunst des Schreibens erfunden haben, und sie wurden in einem illustrierten Artikel bezeichnet als „die Männer, deren größte Gabe in Babylonien die Kunst des Schreibens war." (*The Sphere*, Oktober 11th, 1924.) (Siehe S. 87.)

Meiner Meinung nach sind solche Zeichnungen das Produkt der Frivolität, Boshaftigkeit oder teuflischen Verruchtheit der Priester und stehen im Einklang mit dem ,Mischlingsdialekt' der Inschriften, ihrem widersprüchlichen Charakter sowie dem spöttischen Ton der Inschriften und der Bilder. Gemäß Professor King zeigen die frühesten babylonischen Denkmäler sowohl diesen degradierten Menschentyp, den er Sumerer nennt, als auch einen überlegenen Typus, den er Semiten nennt. Die Ersteren sind, so seine Meinung, bloße Karikaturen von Menschen, aber die Letzteren sind trotz des gespielt archaischen Stils des Werks offensichtlich Adamiten und deutlich den Europäern ähnlich.

---

[130] Oder ,Nephilim'. Siehe S. 85.
[131] Siehe S. 20.

EIN ‚SUMERER'

Siehe S. 86.

Reproduziert von Kings *A History of Sumer and Akkad* (1910).

Foto: W. F. Mansell.

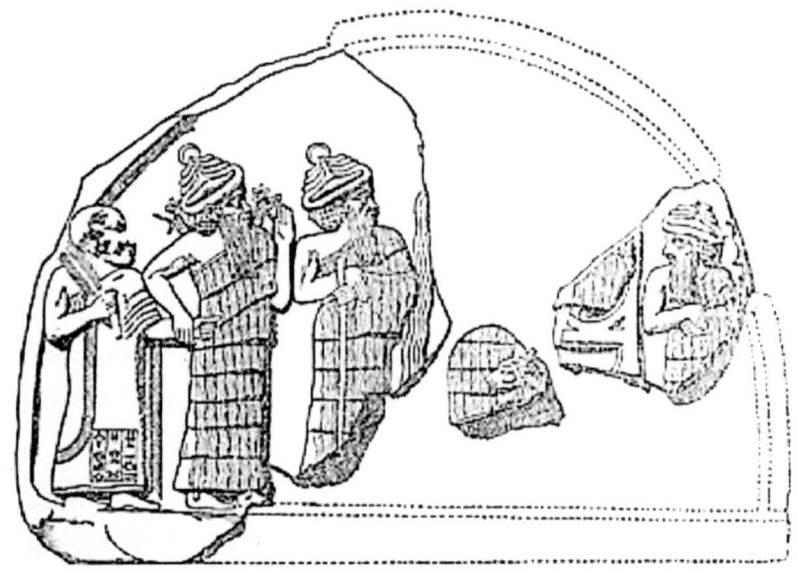

Fɪɢ. 12.

DREI SEMITEN UND EIN ‚SUMERER‘

Siehe S. 86.

Reproduziert von Kings *A History of Sumer and Akkad* (1910).

Professor König schreibt:

„Ausgrabungen haben nicht zur Lösung der Probleme beigetragen, die sich auf die Frage beziehen, wann Sumerer und Semiten zum ersten Mal miteinander in Kontakt kamen oder welche Rasse das Land zuerst besaß." (*Sumer and Akkad*, S. 40.)

Angesichts dieses Eingeständnisses erscheint es seltsam, dass er es gewagt hat, eine beeindruckende Reihe sumerischer Könige vor der sogenannten semitischen Dynastie von Sargon aufzustellen. Die Tatsache, dass seiner Meinung nach einigen dieser Könige in Inschriften die gleichen Errungenschaften wie Sargon[132] zugeschrieben werden, stützt meine Theorie, dass sie frei erfunden waren und dass viele Angaben der Priester falsch sind.

---

[132] Siehe Anhang D.

In den mythologischen Inschriften finden wir zwei Arten von Geistern, die meiner Meinung nach die Rasse Kains bzw. die Rasse der Präadamiten repräsentieren. Da der Name Anunnaki zweifellos eine Art von Geistern mit Anu (Adam) verknüpft, der als König der Anunnaki bezeichnet wird, steht der andere Name Igigi vermutlich für die Präadamiten. Professor Jastrow konstatiert, dass die Priester die Anunnaki als Götter anriefen, und zitiert die Inschrift.

„Wer die Anunnaki fürchtet, wird seine Tage verlängern." (*Religion of Egypt and Assyria*, S. 389.)

Wenngleich die Priester wie üblich die Wahrheit verbargen, indem sie die Anunnaki manchmal als ‚böse Geister der Tiefe' darstellten, im Gegensatz zu den ‚Igigi, den Geistern des Himmels', scheint es sicher zu sein, dass die Anunnaki die weiße Rasse waren und die Igigi die schwarze Rasse.

Die Priester näherten sich der Wahrheit, als sie sagten, dass die Götter

„ihren Zorn auf die Igigi vergrößerten, denn die Igigi waren von den Göttern ausgesendet, um zu dienen, aber erwiesen sich als scharf und grausam; nicht wohlwollend zu Menschen, sondern feindlich." (*Religion of Egypt and Assyria*, S. 307.)

Professor Meier hebt hervor,[133] dass die Götter auf Monumenten stets als sogenannte ‚Semiten' (Adamiten) repräsentiert werden, daher ist es klar, dass die Anunnaki, die als Götter angerufen wurden, der weißen Rasse angehörten; und da die unten angegebene Inschrift besagt, dass Marduk, den ich als Kains mythologischen Vertreter betrachte, ‚groß unter den Igigi' war, vermute ich, dass es sich um die Schwarzköpfe bzw. die Negros[134] handelte, über die Kain herrschte.

Die Inschrift lautet:

„Als der oberste Anu, König der Anunnaki, und Enlil, der Herr des Himmels und der Erde, die festlegen das Schicksal der Erde, dem Marduk, dem Erstgeborenen der Erde [Ea], die Herrschaft über alle Menschen gegeben und ihn großgemacht hatten unter den Igigi usw." (M. Jastrow, *Religion in Babylonia and Assyria*, S. 35.)

Die Igigi waren möglicherweise die Halbmensch- oder Halbengelrasse, aber insgesamt erscheint es doch wahrscheinlicher, dass sie die Schwarzköpfe waren, die in Sargons Inschriften erwähnt sind, und die ‚Niggilma' des folgenden sumerischen Berichtes der Schöpfung.[135]

---

[133] Zitiert von Professor King. *Sumer and Akkad*, S. 49.
[134] Merodach wird Asari genannt, ‚Ernährer der schwarzköpfigen Rasse'. (*Hibbert Lectures*, S. 287.)
[135] George Smith sagt, Sargon habe das Volk der ‚Schwarzgesichter' regiert. (*Chaldean Genesis*, S. 82.)

Professor King liefert die Übersetzung der Inschrift aus dem sumerischen Schöpfungsbericht und fügt natürlich die Zeichensetzung hinzu, deren Richtigkeit ich infrage stellen darf:

> „Als Anu, Enlil, Anki und Ninkharsagga
> die Schwarzköpfe (d.h. das Menschengeschlecht) erschufen.
> Die Niggil (ma) auf Erden
> bewirkten, dass die Erde hervorbringt (?),
> die Tiere, die vierbeinigen Kreaturen der Erde
> riefen sie kunstvoll ins Sein."
> (*Legends of Babylon and Egypt*, S. 56.)

Ich würde die obige Passage wie folgt lesen:

> „Als Anu, Enlil, Enki und Ninkharsagga
> die Schwarzköpfe, die Niggilma auf Erden, erschufen,
> bewirkten sie, dass die Erde die Tiere hervorbringt,
> die vierbeinigen Kreaturen der Erde
> riefen sie kunstvoll ins Sein."

Meiner Meinung nach haben die Schwarzköpfigen und die Niggilma die gleiche Bedeutung, sie sind die Präadamiten. Folglich können wir die Schlussfolgerung ziehen, dass das Wort Igigi, insbesondere dann, wenn es auf die schwarzköpfigen Niggilma angewandt wird, die Wortwurzel ist von folgenden Begriffen: Niger (schwarz), Negro, Nigger oder auch Neger.

Die folgende Legende ist meiner Meinung nach eine Verbindung zwischen Babylonien und dem alten Rom und ein Hinweis auf das Problem der Priesterkönige von Nemi – die zugrunde liegende Thematik von Sir James Frazers Werk *Der goldene Zweig*. Diese Geschichte ist Teil der *Legenden von Izdubar* (auch Gilgamesch genannt), die vermutlich zur Zeit Hammurabis (2000 vor Christus)[136] geschrieben wurden. In dieser Geschichte wird gemäß Professor Sayce Abel unter zwei verschiedenen Namen erwähnt – Tammuz und Taballu; Eva wird meines Erachtens durch Ishtar repräsentiert und Kain durch den Gärtner Isullanu, über den Professor Sayce schreibt:

„Isullanu, der Gärtner von Anu, ist wahrscheinlich der mystische Prototyp des historischen Sargon von Akkad, den die spätere Legende in einen von der Göttin Ishtar geliebten Gärtner verwandelte." (*Hibbert Lectures*, S. 250.)

Es ist seltsam, dass Professor Sayce Isullanu mit Sargon und nicht mit Kain in Verbindung bringt, zumal er die Wahrscheinlichkeit der Anwesenheit Kains in Babylonien zugibt. Der Umstand, dass ihm zufolge der Hirte Taballu der Doppelgänger von Abel ist und dass Ishtar, wie wir gesehen haben, die mythologische Form von Eva ist, scheint diesen Zusammenhang so offensichtlich zu machen. Auch ist die Tatsache, dass Isullanu Ishtar ‚Mutter' nennt und der Gärtner von Ishtars Vater sein soll (wie Anu, anderweitig Adam, in den Inschriften manchmal genannt wird), ein weiterer Beweis dafür, dass Isullanu Kain darstellt. Es ist auch vielsagend, dass, wie der Professor uns sagt, der Name Isullanu bedeutet: „Er, der die Lebewesen grün macht", was mit der Beschreibung von Kain in der Bibel übereinstimmt – ein Ackerbauer. Es ist mir dienlich, dass der Professor Isullanu mit Sargon identifiziert, da dies einen weiteren Grund für die Identifizierung von Sargon mit Kain bietet.

In dieser seltsamen Legende (ein gutes Beispiel für den Unsinn der Priester) wird die Göttin Ishtar vom Helden Izdubar [Gisdhubar] unberechenbar und grausam verspottet, und dass dies das Wesen unserer ersten Mutter verunglimpft, lässt sich aus den hervorragenden Eigenschaften schließen, die ihr zu anderen Zeiten zugeschrieben wurden. Auch wird sie als als gütige Gottheit beschrieben, die der Menschheit die Kunst der Heilung und Kultur lehrt,[137] wenn sie als der Gott Ea dargestellt wird. Professor Sayce bemerkt den widersprüchlichen Charakter von Ishtar.

Er schreibt:

„Aber wer war die Göttin, die einer Legende zufolge als treue Ehefrau um ihres Mannes willen sogar den Tod ertragen musste, während eine andere sie für die treuloseste und grausamste Koketterie hielt?" (*Hibbert Lectures*, S. 250.)

---

[136] *Chaldean Genesis*, S. 168.
[137] Ea gilt als barmherzig, mitfühlend, weise, vernunftbegabt und rein. (*Hibbert Lectures*, 1887, Seiten 140-141.) Auch ‚der Verfasser von Wissen und Intelligenz'.

DIE LEGENDE BESAGT:

1. „Für die Gunst von Gisdhubar erhob die Prinzessin Ishtar die Augen;
2. (schau hoch), Gisdhubar, und sei mein Bräutigam!
3. Ich bin deine Rebe, du bist seine Fessel;
4. sei du mein Mann und ich werde deine Frau sein.
5. Ich gebe dir einen Streitwagen aus Kristall und Gold, (usw.)
17. (Gisdhubar) öffnete seinen Mund und spricht,
18. (er sagt dann) zur Prinzessin Ishtar:
19. (Ich werde) dir deinen Besitz überlassen,
20. (in deinem Reich sind) Leichen und Verderbtheit (?)
21. …. Krankheit und Hunger.
30. Der Palast ist der Verderber der Helden.
31. Ein hinterlistiger (?) Mund sind seine verborgenen Winkel.
37. Niemals darf ich (dein) Bräutigam für immer sein.
38. Nie darf ein Gott dich fröhlich machen.
41. Zu Tammuz, dem Bräutigam deiner Jugend, hast du geschaut;
42. Jahr um Jahr klammertest du dich weinend an ihn.
43. Alala, den Adler, hast du auch geliebt;
44. du hast ihn geschlagen und seine Flügel gebrochen;
45. er blieb im Wald; er bat um seine Flügel.
46. Du hast auch einen Löwen geliebt, vollkommen an Kraft;
47. sieben mal sieben hast du ihm die Zähne ausgerissen, sieben mal sieben.
48. Und du hast ein Pferd geliebt, das im Kampf glorreich war;
53. du hast auch den Hirten Taballu geliebt,
54. der ständig für dich den Rauch (des Opfers) verströmte,
56. du hast ihn hervorgebracht und in eine Hyäne verwandelt;
58. und seine eigenen Hunde rissen seine Wunden auf.
59. Darüber hinaus liebtest du Isullanu, den Gärtner deines Vaters,
60. der immer für dich kostbare Bäume züchtete.
61. Jeden Tag hatte er dein Gericht frisch zubereitet.
62. Du hast ihm (sein Auge) genommen und ihn verspottet:
63. O mein Isullanu, komm, lass uns deinen reichlichen Vorrat essen,
64. und strecke deine Hand aus und vertreibe alle Furcht vor uns.
65. Isullanu sprach zu dir:
66. Was mich betrifft, was verlangst du von mir?
67. O meine Mutter, du kochst nicht (und) ich esse nicht;
68. die Speise, die ich gegessen habe, sind Girlanden und Gürtel;
69. das Gefängnis des Hurrikans ist (die) verborgene Nische.
70. Du hast zugehört und Strafe (auferlegt);
71. du hast ihn geschlagen; zur Knechtschaft hast du ihn gemacht (verpflichtet);
72. und du ließest ihn inmitten (eines Grabes?) sitzen." (*Hibbert Lectures*, S. 246.)

Meine Annahme, dass in dieser babylonischen Legende ein Hinweis auf das Problem des Hains von Nemi liegt, kann kaum als weit hergeholt angesehen werden, wenn man bedenkt, dass die griechischen und römischen Mythologien von den Babyloniern[138] abgeleitet wurden.

---

[138] Die Griechen, die den größten Teil ihres astronomischen Wissens von den Babyloniern übernahmen, hatten ähnliche Mythen und Ideen. … Die Römer übernahmen die griechischen Ideen. (*Ency. Brit.*, Ed. II, Canis Major.)

Wir haben gesehen, dass Professor Sayce den Gärtner Isullanu als den Repräsentanten von Sargon ansieht, was uns die Berechtigung gibt, ihn für Kain zu halten. Wir haben ebenfalls gesehen, dass Professor Sayce Tammuz mit Abel identifiziert, und die Tatsache, dass er in der obigen Legende Tammuz und Taballu als ein und denselben[139] betrachtet, berechtigt uns ebenso gut, in der römischen Legende nach einer Doppelfigur zu suchen. Diese finden wir in der Göttin Diana (zugegebenermaßen eine Form von Ishtar[140]) und in der Wassernymphe Egeria, die sich anhand ihrer Attribute als eine andere Form von Ishtar erweist. Dass diese beiden Charaktere Eva darstellen, scheint offensichtlich, denn Verbius, der junge Held des Hains, wird von Sir James Frazer mit Tammuz und somit mit Abel in Verbindung gebracht. Nachdem wir uns davon überzeugt haben, dass Kains Mutter und Bruder sowohl in der babylonischen als auch in der römischen Legende vertreten sind, liegt es nahe, nach Kain selbst zu suchen; und da Professor Sayce den Gärtner Isullanu in der babylonischen Legende mit Sargon identifiziert, scheint es offensichtlich, dass der mörderische Priesterkönig in der römischen Legende Kain darstellt. Diese Möglichkeit erhöht das Interesse an der Legende, über die Sir James Frazer schreibt:

„Wer kennt nicht Turners Bild vom ‚Goldenen Zweig'? Der kleine Waldsee von Nemi – ‚Dianas Spiegel', wie er von den Alten genannt wurde, dieses ruhige Wasser, das in einer grünen Senke der Albaner Berge plätscherte … in der Antike war diese Waldlandschaft Schauplatz einer sonderbaren und wiederkehrenden Tragödie … unter dem Deckmantel der Religion wurden dort dunkle Verbrechen begangen."

Derselbe Autor zitiert Macaulays Vers:

> „Der immer noch spiegelglatte See,
> der unter Aricias Bäumen schläft –
> diese Bäume, in deren dunklen Schatten
> der schauderhafte Priester regiert;
> der Priester, der den Mörder erschlug
> und selbst getötet werden soll."

Warum, fragt Sir James Frazer, musste der Priester von Nemi seinen Vorgänger töten? Und warum hatte er zuvor den Zweig eines bestimmten Baumes abgepflückt, den die öffentliche Wahrnehmung der Alten mit dem ‚Goldenen Zweig' identifizierte? Die Antwort, die ich zu geben wage, lautet: weil Kain Abel ermordete, dessen Opfergabe ihm vorgezogen worden war, und weil der heilige Baum, um den der Priester immerzu herumstreifte, an den Baum des Gartens Eden erinnerte, der das Schicksal von Adams Familie so maßgeblich beeinflusst hatte. Für jeden, der meine Argumente akzeptiert und bereit ist, den Priesterkönig von Nemi als von Kain abgeleitet zu betrachten, wird der folgende Bericht über eine doppelköpfige Büste,[141] die in Nemi gefunden wurde und mutmaßlich den Priesterkönig darstellt, von Interesse sein. Sir James Frazer schlägt vor, dass der ältere Kopf den eigentlichen Priesterkönig darstellt und der jüngere Kopf den Mörder, der ihn töten und seinen Platz einnehmen sollte. Mein Vorschlag lautet, dass der ältere Kopf Kain darstellt – den mörderischen Priesterkönig –, während ich im jüngeren Kopf seinen Bruder Abel sehe. Sir James Frazer beschreibt die Büste wie folgt:

---

[139] Siehe S. 69.
[140] Siehe Anhang FA.
[141] Siehe S. 6.

„Der Gesichtstyp ist bei beiden Köpfen ähnlich, aber es gibt deutliche Unterschiede zwischen ihnen – denn während der eine jung und bartlos mit geschlossenen Lippen und festem Blick ist, ist der andere ein Mann mittleren Alters mit einem langen, verfilzten Bart, runzeligen Brauen, einem wilden und ängstlichen Blick in den Augen und einem offenen, grinsenden Mund. Doch vielleicht das Einzigartigste an den beiden Köpfen sind die Blätter mit gezackten Rändern, die sozusagen an den Hälsen beider Büsten und offenbar auch unter den Augen der jüngeren Figur angebracht sind. Die Blätter wurden als Eichenblätter interpretiert und der Schnurrbart der älteren Figur erinnert klar an ein Eichenblatt. All dies könnte im Keim die Lösung des Problems der Anbetung des Königs des Waldes beinhalten." (*Der goldene Zweig.*)

Die Ähnlichkeit zwischen den beiden Gesichtern dieser Büste stützt meine Theorie, dass sie die Brüder Kain und Abel darstellen, während der Unterschied in Alter und Gesichtsausdruck mit der Geschichte übereinstimmt, die in der Genesis über sie erzählt wird. Mehr Unterstützung für meine Theorie könnte vielleicht im ‚offenen grinsenden Mund' des älteren Gesichts gefunden werden, der eindeutig einseitig ist und daher auf das in der Wissenschaft bekannte ‚Cynic Spasm' hinweist. Dies wird beschrieben als ‚eine krampfhafte Kontraktion der Muskeln einer Gesichtshälfte, die Mund, Nase usw. zu einer Art Grinsen verzerrt.'[142]

Für jemanden, der auf der Grundlage der bereits genannten Gründe entschieden hat, dass das Gesicht des Mörderkönigs in der römischen Büste Kain darstellt, scheint dies natürlich mehr als ein Zufall zu sein, dass der Muskelverkrampfung, mit der er dargestellt wird, ein Name gegeben wurde, der die Wortwurzel des Wortes Kain enthält und offenbar auch auf andere Weise mit Kain in Verbindung gebracht wird. Unter Philologen herrscht dahingehend Einigkeit, dass das Wort ‚Kyniker' (Kynikoi), das bestimmten griechischen Philosophen im ersten Jahrhundert nach Christus gegeben wurde, vom griechischen Wort für Hund (Kuon; Strongs G2965 koo'-ohn) stammt, und dass diese Philosophen so genannt wurden, weil sie dazu neigten, schlicht und einfach in den Animalismus[143] zurückzufallen, und ihnen nachgesagt wird, sie hätten ‚gegen die Gebote des guten Anstands verstoßen.'[144] Aber die Idee, dass das griechische Wort für Hund vom Namen Kain abgeleitet sein könnte, ist ganz und gar meine eigene, und da ich natürlich nicht behaupten kann, einer von Cowpers

„gelehrten Philologen zu sein, die schwärmerisch einer Silbe durch Zeit und Raum nachjagen",

muss ich den Grund für diesen kühnen Vorschlag angeben. Aus philologischer Sichtweise ist dies ein vernünftiger Vorschlag, denn das Wort kuon (Hund) ist dem Wort Kain ebenso ähnlich wie die zweite Silbe von Sargons Name, die mit ‚Kain'[145] identifiziert wird. Des Weiteren scheint historisch gesehen eine Verbindung zwischen den Wörtern Kain, Kyniker und Hund wahrscheinlich, während der Judasbrief darauf hinweist, dass den Aposteln der böse Charakter

---

[142] *Century Dictionary* (Cynic spasm).
[143] *Ency. Brit.*, Ed. II. Cynics.
[144] Ditto.
[145] Siehe S. 32.

von Kains späterem Leben bekannt war. Der heilige Paulus und der heilige Johannes führen ihre Liste der Übeltäter mit dem Wort ‚Hunde' an, das ein moderner Bibelübersetzer in ‚Kyniker'[146] geändert hat, was eine aussagekräftigere Bezeichnung ist als ‚Hunde', da offensichtlich von Menschen und nicht von Tieren die Rede ist.

Kains Boshaftigkeit, an die man sich zur Zeit der Apostel in Palästina so lebhaft erinnerte, hätte im alten Babylonien kaum aus den Augen verloren werden können, wenn er Sargon von Akkad gewesen wäre, obgleich möglicherweise seine großen Errungenschaften diese in den Schatten stellten und die Priester sie möglicherweise in ihren Mysterien verborgen hatten. Die Wahrheit wurde jedoch in Babylonien nur schwach verschleiert, und es scheint möglich, dass Sargons wahrer Charakter dort ausreichend erkannt wurde und dies dazu führte, dass Hunde, die im antiken Osten verabscheut waren, seinen Namen erhielten.

„Im Alten und Neuen Testament wird fast mit Abscheu vom Hund gesprochen; er zählte zu den unreinen Tieren; der Umgang mit ihm galt als ein Gräuel." (*Ency. Brit.*, Ed. XI, Dogs.)

Die Kyniker Griechenlands waren offensichtlich stolz auf ihren schändlichen Titel, denn sie nahmen einen Hund als ihr Emblem oder Symbol[147] an. Vielleicht wussten sie, dass Hunde ursprünglich den Namen Kuon von Kain hatten, und rühmten sich dieser Tatsache, denn im zweiten Jahrhundert nach Christus entstand eine weitere Sekte von Philosophen, die ihre Vorliebe für Kain gegenüber Abel verkündeten und als Kainiten bezeichnet wurden:

„Sie glaubten, dass Kains Existenz aus der höheren Macht entstammte und Abels aus der unterlegenen Macht." (*Ency. Brit.*, Ed. XI, Cain.)

Auch wenn die Idee dem einen oder anderen phantastisch erscheinen mag, sind diese Überlegungen ausreichend, um mich davon zu überzeugen, dass eine Verbindung zwischen den Namen Kain und Sargon, Kuon – dem griechischen Wort für Hund –, und den Kyni-koi oder Kynikern Griechenlands besteht; und dass der ‚König des Waldes' durch das skulpturale Grinsen und den ‚Cynic Spasm' mit Kain identifiziert werden kann.

Wurde Canis der Hundestern nach Kain benannt? Homer schrieb darüber:

„Dessen Atem
vergiftet die rote Luft mit Fieber, Seuchen und Tod."[148]

---

[146] Ferrar Fenton, *Bible in Modern English*.
[147] „Auffällig ist, dass sich die Kyniker darauf einigten, einen Hund als gemeinsames Emblem oder Symbol zu nehmen." (*Ency Brit.*, Ed. XI, Cynics.)
[148] Er wurde in das babylonische Sternensystem aufgenommen. (*Ency. Brit.*, Ed. Canis.) Merodach, den wir mit Kain identifizieren, wird in Begleitung von vier Hunden dargestellt: Uccumu ‚der Verwüster', Acculu ‚der Verschlinger', Icsuda ‚der Fänger' und Iltebu ‚der Verfolger'. (*The Chaldean Genesis*, 1880, S. 190.)

TEIL ZWEI

Glücklicherweise haben Kains Nachfolger, ebenso wie die meisten Verschwörer, es vermasselt und die Wahrheit trotz ihrer sorgfältig ausgearbeiteten Lügenbarrieren durchdringen lassen. Es sind überwältigende Beweise dafür vorhanden, dass die Babylonier des Altertums von Gottes Existenz wussten und diese Tatsache absichtlich verbargen.

Wir wissen aus den ausgegrabenen ‚Babylonien Creation Tablets‘ (Babylonische Schöpfungstontafeln), dass die babylonische Mythologie stetig auf Charaktere in den ersten Kapiteln der Genesis anspielt, und dennoch gibt es keinen einzigen Hinweis auf den Schöpfer, auf den Einen Gott. Das Wissen von diesem Einen Gott wurde uns überliefert durch die Rasse, die man damals Hebräer nannte.

Gemäß der babylonischen Priesterschaft nahmen mehrere Götter an der Erschaffung der Welt teil. Die Götter Anu, Ea und Bel/Baal zuerst, und in späteren Zeiten regierten Shamash, Ishtar und Sin die Himmel, die Erde und das Meer sowie ‚die Angelegenheiten der Menschen‘. Im babylonischen Götterpantheon gibt es keinen Raum für ein oberstes Wesen. Doch es wurden drei oder vier Tontafeln gefunden, begraben unter Tausenden polytheistischer Schriften, die klar zeigen, dass das Wissen von dem Einen Gott in Babylon existierte, und zwar vor dem Jahr 2200 vor Christus. In dieser Zeit soll nämlich, gemäß den Archäologen und Schriftexperten, ein ‚literarisches Wiedererwachen‘ in Babylon stattgefunden haben, während dessen ältere Schriften und Traditionen reproduziert (bzw. kopiert) und somit der Nachwelt überliefert wurden. Diese monotheistischen Schriften haben möglicherweise schon zu Sargons Zeit existiert und schulden ihre Existenz ihm – SARGON.

Trotz der Tatsache, dass viele Generationen von Priestern diese Schriften gehandhabt haben, ist der Stil der monotheistischen Schriften klar und deutlich im Vergleich mit den Mythologien. Diese monotheistischen Schriften sprechen über das eine höchste Wesen, die rebellischen Engel und den Fall Adams. Sie gehören, wie man weiß, zu den ältesten babylonischen Schriften und beweisen die Zuverlässigkeit von Professor Kittels sogenannter Theorie, dass es eine gemeinsame Quelle gegeben haben muss für die Bibel und die babylonischen Schriften und dass diese Quelle eine monotheistische Quelle ist. Um es mit den Worten von Professor Kittel zu sagen: „Sehr altes Wissen, das Gott dem Menschen gewährte."

Andere Gelehrte halten die Meinung, dass die Originalquelle sowohl der Bibel als auch der babylonischen Schriften Polytheistisch war, also Vielgötterei, und schreiben den hebräischen Propheten die Veränderung vom Polytheismus zum Monotheismus zu.

Dabei ignorieren diese Gelehrten die Möglichkeit, dass es genau umgekehrt war. Anstelle davon, dass die Hebräer die polytheistische Religion Babylons zu Monotheismus transformierten, verdarben die Babylonier die ursprünglich monotheistische Religion, die aufbewahrt wurde von den Hebräern. Betrachten wir die Tendenz der Menschen, Heidentum anzunehmen, dann ist es vernünftiger zu schlussfolgern, dass der eine Gott von den babylonischen Priestern durch viele Götter ersetzt wurde, anstatt die vielen Götter in einen zu verschmelzen.

Professor Delitzsch gelangte zu dem Schluss, dass die monotheistische Religion zu Sargons Rasse gehörte (ihm zufolge die nordsemitische Rasse) und dass die polytheistische Religion der niederen Rasse Babyloniens angehörte. Er schreibt:

„Die nordadamitischen Stämme (die vielen Söhne Adams) beteten Gott als ein einziges geistiges Wesen an und waren im Besitz religiöser Ideen, die sich unterschieden in der polytheistischen Denkweise der Eingeborenen Babylons." (*Laws of Moses. The Code of Hammurabi*, S. 27, S. A. Cooke.)

Im Gegensatz zu Professor Delitzsch schlussfolgerte Professor Sayce, dass die monotheistische Religion zu den Sumerern gehört. Er sagt:

„in den präadamitischen Tagen Chaldäas blühte eine monotheistische Religion, aber diese Denkweise starb aus …",

und vermutet, dass die polytheistische Religion von der adamitischen Rasse übernommen wurde.

„Die Theologie Babylons, wie sie uns bekannt ist, ist deshalb ein künstliches Produkt. Sie kombiniert zwei völlig verschiedene Formen des Glaubens und religiöser Konzepte. Eine der beiden wurde in einer sehr frühen Zeit überlagert von der anderen und die Theologie der Sumerer erhielt eine adamitische Interpretation." (*Religions of Egypt and Babylonia.*)

Professor Sayce mutmaßt in einem offensichtlichen Versuch, die sicheren Anzeichen weg zu erklären, dass Babylon ein Konzept eines einzigen höheren Wesens hatte, obwohl dieses höhere Wesen dort nicht verehrt wurde.

Dazu schreibt Professor Sayce Folgendes:

„Die gebildeteren Geister der Nation kämpften hin und wieder für die Konzeption des einen obersten Gottes und eine reinere Form des Glaubens, aber das tödliche Gewicht polytheistischen Glaubens und seiner Praktiken verhinderte, dass sie es jemals erreichten." (*Assyria, its Princes usw.*, S. 85.)

Diese Autoritäten widersprechen sich darin, welche Rasse das Wissen von dem Einen Gott besaß und welche Form der Religion die Früheste war in Babylon. Ihre Anerkennung, dass das Wissen von dem Einen Gott existierte, Seite an Seite mit der Anbetung vieler Götter, stützt allerdings meine Behauptung, dass Kain dieses monotheistische Wissen einführte und es als Basis für Götzenanbetung benutzte, indem er göttliche Eigenschaften den falschen Göttern zuschrieb, die er selbst erfunden hatte.

Eine der monotheistischen Inschriften wird ‚Bußhymne' genannt, und ihre Worte könnten von Kain selbst geäußert worden sein. Professor Sayce übersetzt es folgendermaßen:

> „Die Übertretung, die ich begangen habe, kannte ich nicht.
> Von der Sünde, die ich beging, wusste ich nichts.
> Ich trampelte auf das verbotene Ding,
> mein Herr hat mich im Zorn seines Herzens überwältigt.
> Gott, der wusste, obwohl ich nicht wusste, hat mich durchbohrt.
> Ich lag am Boden und kein Mann ergriff meine Hand.
> Ich weinte und niemand nahm meine Hand,
> ich schrie laut und da war niemand, der mich hörte.
> Ich bin in Dunkelheit und Sorge, ich erhob mich nicht selbst,
> meinem Gott klagte ich meine Notlage,
> meine Gebete richtete ich …
> Wie lange, oh mein Gott, soll ich leiden,
> wie lange, oh mein Gott, der wusste, obwohl ich nicht wusste,
> wird dein Herz zornig sein." (*Schweich Lectures*, 1908, S. 23.)

Diese Hymne wurde in den Ruinen des Palastes von Assur-bani-pal gefunden; die Priester der Regierungszeit dieses Königs (7. Jahrhundert vor Christus) haben sie vermutlich von einer viel älteren Tontafel kopiert. Professor King erzählt uns, dass ‚eine nähere Detailstudie dieser Inschriften beweist', dass alle Schriften in den Ruinen dieses Palastes Kopien älterer Schriften waren.

Zu der Zeit, als diese Bußhymne kopiert wurde, waren die Götter Babylons Legionen. Gemäß einer Aufzeichnung des assyrischen Königs Ashur-bani-pal gab es 6.500 Götter in seinem Land, doch die Worte dieser Hymne sind die Worte eines an einen einzigen Gott Glaubenden. Drücken die Worte des Gebets Kains Qual aus, bevor er unter des Teufels Einfluss sein Herz verhärtete und seinen Racheplan erfand? In den wiederholten Worten „der Gott der wusste, obwohl ich nicht wusste", findet sich bereits ein Anzeichen für Kains kommenden Groll und seine vollständige totale Rebellion. Viele solcher Bußhymnen sind gefunden worden, aber soweit ich weiß, ist die oben zitierte die einzige Bußhymne, die völlig frei ist von Heidentum.

Professor Sayce liefert eine offensichtlich andere Version der Hymne, in der diese Zeilen vorkommen.

> „Möge Gott erneut besänftigt sein, denn ich wusste nicht, dass ich sündigte.
> Möge Ishtar, meine Mutter, wieder besänftigt werden,
> denn ich wusste nicht, dass ich sündigte.
> Gott weiß, dass ich es nicht wusste: möge er beschwichtigt sein.
> Ishtar, meine Mutter, weiß, dass ich es nicht wusste,
> möge sie besänftigt sein.
> Möge das Herz meines Gottes beschwichtigt sein,
> mögen Gott und Ishtar, meine Mutter, besänftigt sein, (usw.) …
> Gott, in der Stärke seines Herzens, hat mich angenommen.
> Ishtar, meine Mutter, hat mich an sich gerissen und mir Kummer bereitet …"

Der Priester Vorgehen, die Wahrheit durch Mythologie zu verhüllen, ist in dieser (vermutlich späteren) Hymne gut erkennbar; nämlich die Tatsache, dass der Bittsteller dieser Hymne hier Ishtar (Eva) seine ‚Mutter' nennt und er offenbar ihr Missfallen erregt hatte. Dies stützt meine Theorie, dass die Hymne ursprünglich von Kain selbst inspiriert wurde. Professor Sayce kommentiert diese Version der Hymne wie folgt:

„Diese Hymne hat eine Überschrift, die besagt, dass sie zehnmal wiederholt werden soll, und am Ende der Hymne ist eine weitere Handlungsvorschrift; diese lautet: Bei der tränenreichen Bittstellung des Herzens soll der glorreiche Name jedes Gottes 65-mal wiederholt werden und dann soll das Herz Frieden haben." (*Assyria: its Princes, Priests usw.*, S. 73.)[149]

Eine zweite monotheistische Inschrift erzählt zweifellos vom Fall der rebellischen Engel, deren Existenz sowohl das Alte Testament als auch das Neue Testament bezeugen.

Der Übersetzer berichtet:

„Die ersten vier Zeilen sind beschädigt. Sie erzählten unbestreitbar, dass zum Zeitpunkt der Rebellion der Engel ein Fest des Lobpreises und der Danksagung im Himmel abgehalten wurde."

Die Inschrift lautet:

„Das Göttliche Wesen sprach dreimal, der Beginn einer Hymne.

6. Der Gott heiliger Lieder, Herr der Religion und der Anbetung,
7. einsetzend 1000 Sänger und Musiker und etablierte einen Chor,
8. der zu seiner Hymne antworten sollte in Schaaren. ...
9. Mit lautem Geschrei der Verachtung zerbrachen sie seinen heiligen Gesang,
10. ruinierend, verwirrend, verachtend seine Hymne des Lobes.
11. Der Gott der hellen Krone mit dem Wunsch seine Anhänger zu sammeln,
12. ließ eine Trompete erklingen, die die Toten wecken würde,
13. die den rebellischen Engeln ihre Rückkehr verbot.
14. Er beendete ihren Dienst und sendete sie zu den Göttern, die seine Feinde waren.
15. In ihrem Raum erschuf er Menschen,
16. der Erste, der Leben erhielt, weilte zusammen mit ihm,
17. möge er ihnen Stärke geben, niemals sein Wort zu vernachlässigen,
18. folgend der Stimme des Drachens, den seine Hände machten."
(*Records of the Past*, Vol. 7, S. 127.)

Der Übersetzer bemerkt, dass die Kirche des Mittelalters auch die Meinung vertrat, dass Menschen erschaffen worden wären, um die Lücke der Schöpfung zu füllen, die durch die Rebellion undankbarer Engel bewirkt worden war. Bezüglich der verschiedenen Titel, die dem Höchsten Wesen gegeben wurden, konstatiert der Übersetzer, dass der assyrische Schreiber

„am Rand anmerkt, dass unter all diesen verschiedenen Beinamen durchweg derselbe Gott gemeint ist."

---

[149] Bei der Rubrik handelt es sich offenbar um spätere Weisungen der Priester.

Eine andere monotheistische Inschrift wird von ihrem Übersetzer (Professor Chiera aus Pennsylvania) ‚Gottes Worte an Adam‘[150] genannt. Der Professor weist darauf hin, dass Gottes Rede offenbar mit der Segnung des Menschen endet, was seine Interpretation der Geschichte stützt, dass Adam aus dem Garten Eden verwiesen wurde, um ihn daran zu hindern, von dort Nahrung zu erhalten, die ihn unsterblich gemacht hätte. Die Inschrift lautet:

„Deine Menschlichkeit, dein Körper ist nicht befreit,
denn Worte der Weisheit von Menschen sind nichts,
beende dein Weinen, aus meiner Gegenwart gehe in die Wildnis,
als ein Ausgestoßener sollst du nicht zurückkehren zu meinem Feld, um es zu bearbeiten.
Als Gejagter sollst du nicht zurückkehren,
geh, bearbeite das Land, ziehe Nahrung zum Essen auf;
Menschheit sollst du kennen, die Menge."
(*Daily Express*, 26. Oktober 1922, New York Correspondent.)

Diese Inschrift stammt gemäß Professor Chiera aus dem Jahr 2100 vor Christus. Sie wurde in den Ruinen des Tempels in Nippur gefunden, wo die Expedition der Universität von Pennsylvania mehrere Tausend Tontafeln ausgegraben hat. Der Kontrast zwischen diesen würdevollen Worten und der babylonischen Zeichnung spricht für sich selbst. Professor Waddell, aus dessen Werk die Zeichnung reproduziert ist, nennt diese „Der Prozess gegen Adam, den Sohn Gottes" und bemerkt, dass der „Ankläger der Mondgott der Dunkelheit und des Todes" ist.[151] (Siehe Abbildung S. 103.) Die Inkonsistenz, die folgenden Worte einer alten Hymne einer unbedeutenden lokalen Form der Göttin Ishtar zuzuschreiben, hat Professor Sayce erstaunt, der anführt:

„Die alte zweisprachige Hymne an den Mondgott Nannar von Ur passt eher zu dem obersten Baal als zu einem lokalen Mondgott."

Die Worte dieser Hymne lauten:

„Vater, langmütig und voller Vergebung,
deine Hände erhalten das Leben aller Menschenart,
Herr, deine Göttlichkeit erfüllt wie der ferne Himmel die weite See mit Furcht. …
Allerhöchster, allmächtig, dessen Herz unermesslich ist
und niemand da ist, der es erforschen kann. …
Herr, du bist der Gesetzgeber von Himmel und Erde,
dessen Befehl nicht gebrochen werde.
Wer im Himmel ist der Höchste?
Du allein, du bist der Höchste!
Was dich betrifft, dein Wille wird auf der Erde kundgetan,
und die unteren Geister küssen den Boden,
um deinetwillen ist dein Wille hoch erhaben wie der Wind;
der Stall und die Herde werden erquickt.
Dein Wille geschehe auf Erden, und die Kräuter wachsen grün."
(*Gifford Lectures*, S. 320.)

---

[150] Das Wort Adam wurde „als Eigenname auf Tafeln aus Tello aus der Zeit des Sargon von Akkad verwendet." (*Archeology of the Inscriptions*, S. 91, Sayce.)
[151] *Phoenician Origin of the Britons*, Seiten 239–253.

PROZESS GEGEN ADAM

Siehe S. 102.

Reproduziert von *Phoenician Origin of Britons, Scots and Anglo-Saxons*
von Professor L. A. Waddell (1924).

BABYLONISCHER ZYLINDERSIEGEL

Siehe S. 115.

Reproduziert von Kings *A History of Sumer and Akkad* (1910).

Welche andere Erklärung kann hier für die Existenz dieser Hymne in einem heidnischen Land angeboten werden, die so klingt wie die heiligen Schriften der Hebräer, außer dass das Wissen von dem einen wahren Gott einst dort existierte? Wie könnte im Übrigen folgende Tatsache erklärt werden, nämlich:

„Die Konzeption eines göttlichen Boten oder eines Engels, der die Befehle des allerhöchsten Gottes vom Himmel auf die Erde trug und seinen Willen den Menschen bekanntgab, geht bis zu einer frühen Periode in der Geschichte der babylonischen Religion zurück; der Sukkal oder Engel spielt eine wichtige Rolle in der babylonischen Theologie." (*Religion of the Babylonians*, Sayce, S. 361.)

Moderne Kirchenmänner, die es vorziehen, ‚die fundamentalen Glaubensinhalte über Gott und über den Menschen, auf denen die christliche Religion beruht', den Zeiten der späteren Propheten[152] zuzuschreiben, können sich dieser babylonischen Schriften kaum bewusst sein. Dank dieser Schriften ist bewiesen, dass höheres Wissen von Gott bereits vor 2000 vor Christus in Babylonien Einzug gehalten hatte.

Wie Professor Kittel vorhersah, sind diese monotheistischen Schriften, Hymnen und Bilder sicherlich die Entdeckungen, die die Angriffe gegen die historische Wahrheit der Genesis abwehren.

---

[152] *Doctrine of the Infallible Book*, Canon Gore, S. 14.

Die Theorie, dass Kain das Wissen über Gott und seine Gesetze nach Babylonien brachte, bietet meiner Meinung nach die beste Erklärung für die Ähnlichkeit zwischen den Gesetzen Moses und dem babylonischen Kodex, benannt nach König Hammurabi (circa 1900 vor Christus), von dem angenommen wird, dass er Abrahams Zeitgenosse war (Amraphael). Diese Theorie wird durch die babylonische Inschrift gestützt, in der Sargon ‚der Begründer des bürgerlichen Rechts', ‚der Wegbereiter des Wohlstands' oder ‚der sehr Weise' genannt wird.[153]

Aufgrund gewisser Ähnlichkeiten zwischen diesen hebräischen und babylonischen Gesetzen wurde gemutmaßt, dass die Zehn Gebote auf dem babylonischen Kodex beruhten, von dem ein Autor sagt:

„Dies ist der älteste (bekannte) Code der Welt … er ist vielleicht tausend Jahre älter als Moses. Die Gesetze selbst müssen schon lange vor ihrer Kodifizierung und Bekanntmachung durch Hammurabi in Kraft gewesen sein. Bereits die Frage nach der Verbindung zwischen der mosaischen Gesetzgebung und der dieses großen orientalischen Herrschers sowie der möglichen Abhängigkeit zumindest von Teilen der Ersteren von dem Letzteren wurde viel diskutiert und hat zu einer umfangreichen Literatur geführt." (*One Vol. Bible Commentary*, S. 35.)

Merkwürdigerweise wird zwar oft die Abhängigkeit des mosaischen Gesetzes vom babylonischen Gesetz angedeutet, doch die Möglichkeit, dass es sich bei beiden um mehr oder weniger veränderte Kopien desselben Originals handeln könnte, scheint übersehen zu werden, wobei es gute Gründe für die Annahme gibt, dass dies der Fall war.

Ein Autor schreibt:

„Es gibt nicht den geringsten Grund anzunehmen, dass Hammurabi eine Reihe von Innovationen oder Neuerungen eingeführt hat; seine Gesetze haben eine lange Geschichte und basieren nachweislich auf alten Bräuchen. Israelitische Tradition mutmaßt in gleicher Weise diese Gesetze vor Moses, und die beiden Gesetzgebungssysteme haben daher gemeinsam, dass sie den Anspruch erheben können keine Originalproduktionen, sondern autoritäre Proklamationen zu sein." (*The Laws of Moses and Hammurabi*, S. A. Cooke, S. 42.)

Da infolgedessen von der ‚israelitischen Tradition' gesagt wird, dass sie ‚die Existenz von Gesetzen vor Moses voraussetzt',[154] kann man sich vorstellen, dass bestimmte Verhaltensregeln von Anfang an für Adam und seine Nachkommen festgelegt wurden und dass eine feierliche Neubekräftigung dieser göttlichen Regeln durch den Abfall der Israeliten während ihres Aufenthalts in Ägypten notwendig geworden war.

Da angenommen wird, dass die babylonischen Gesetze auf viel älteren Gesetzen basierten, ist es auch vernünftig, die Möglichkeit in Betracht zu ziehen, dass Kain, der die Adam gegebenen Regeln natürlich gelernt hätte, diese Gesetze möglicherweise auf ihnen begründet hat.

---

[153] *Hibbert Lectures*, S. 28, Sayce.
[154] Siehe Fußnote S. 18.

Ein anderer Autor konstatiert:

„Es gibt Gesetzesfragmente, die vor Hammurabis Zeit datieren und die ein organisiertes Leben offenbaren, das in seinen kulturellen Entwicklungen dem in seinem Kodex bezeugten, nicht nachsteht. Die frühere Periode hat den Verdienst der Dynamik und des Erfolgs, was später übernommen und nachgeahmt und nicht selten schlecht nachgeahmt wurde … wir dürfen nicht vergessen, dass es vor Hammurabi eine hohe Kultur gab und die gesellschaftlichen Entwicklungen unterschätzt wurden." (*Religions of Egypt and Babylonia*, Hugo Winckler.)

Dieses Eingeständnis, dass Hammurabis Gesetze eine schlechte Nachahmung älterer Gesetze waren, geht konform mit meiner Theorie, dass die göttlichen Regeln, die Adam gegeben wurden, bis zu einem gewissen Grad das Muster waren, auf dem Kain seine babylonischen Gesetze gründete. Die Tatsache, dass die größten Gebote – die gegen Götzendienst und Mord – im babylonischen Gesetzbuch ausgelassen werden, während Zauberei und Hexerei gefördert werden, scheint zweifellos seine Herausgeberschaft zu verraten. Einer Inschrift zufolge rühmte sich Kain seiner Perversion der göttlichen Gesetze und der Rolle, die der Teufel bei dieser Perversion gespielt hatte; denn in der Person von Sargon sagte er, dass er „seinen Schutz auf die Stadt Harran ausgeweitet und gemäß dem Erlasse von Anu und Dagon[155] ihre Gesetze niedergeschrieben hatte."[156]

Die folgende monotheistische Klausel im ansonsten polytheistischen Kodex ist aufschlussreich; man könnte fast annehmen, es gehöre zum Buch Exodus:

„Wenn in einem Schafstall ein Schicksalsschlag Gottes vollzogen wurde oder ein Löwe getötet hat, soll sich der Hirte vor Gott reinigen, und der Besitzer der Herde muss das Unglück, das der Herde widerfahren ist, akzeptieren." (*One Vol. Bible Commentary*, S. 35.)

Dieser erkennbare Hinweis auf Gott erfordert mehr Aufmerksamkeit, als ihm bisher zuteilwurde, wenn man bedenkt, dass Hammurabis Kodex mit einer Widmung an die Götter Anu, Ea, Bel und Marduk beginnt. Abgesehen von einigen weiteren Hinweisen der gleichen Art ist der Kodex gänzlich heidnisch und befasst sich zunächst mit der Zauberei, die offensichtlich von den priesterlichen Schriftgelehrten Babyloniens gefördert wurde.

Wir lesen:

„Wenn ein Mann einen Zauber erwirkt und einen Mann mit einem Bann belegt und keine Gründe dafür anführt, soll er mit dem Tod bestraft werden. …Wenn jemand einen Menschen verzaubert und dies nicht begründet, wird derjenige, auf den der Fluch gelegt wurde … in den heiligen Fluss geworfen, und wenn der Fluss ihn überwältigt, wird der, der den Zauber gewirkt hat, sein Haus nehmen. Wenn der heilige Fluss diesen Mann für unschuldig erklärt und ihn gerettet hat, soll derjenige, der ihn verzaubert hat, mit dem Tod bestraft werden." (*One Vol. Bible Commentary*, S. 35.)

---

[155] Siehe S. 83. Dagon, ein anderer Name für den Teufel.
[156] *Hibbert Lectures*, S. 188. Merodach, mit dem ich Sargon verbinde, wird genannt „der Vorsteher der Gesetze von Anu, Bel (Mul-lil) und Ea." (*Hibbert Lectures*, S. 284, 1887.)

Sowohl die Ähnlichkeiten als auch die Unterschiede zwischen den babylonischen und mosaischen Gesetzen können erklärt werden. Hierfür müssen wir die Theorie akzeptieren, dass all diese Gesetze auf den ursprünglichen Verhaltensregeln beruhten, die Adam gegeben wurden, und dass sie von Kain nach Babylonien gebracht und dort für seine Zwecke umgestaltet wurden, während sie andererseits lediglich durch Moses bei den Israeliten in der Wüste wieder bekräftigt wurden.

IV—DER SAUERTEIG DER BOSHAFTIGKEIT UND VERDERBTHEIT

Nichts anderes war von Kain, dem ersten Mörder und Götzendiener, zu erwarten, als dass er die beiden größten Gebote nicht mit aufführte. Wir brauchen nicht zu zögern, ihm die schlimmsten Praktiken aller Zeiten zuzuschreiben, die mit den heidnischen Religionen verbunden waren. Sollte Kain, wie ich aufzuzeigen versucht habe, das menschliche Original des babylonischen Sonnengottes gewesen sein, dessen Anhänger in der gesamten antiken Welt[157] einen hohen Grad an Zivilisation verbreiteten, so spricht die Natur der Religion, die diese Zivilisation begleitete, gegen ihn.

Wo immer die ‚Kinder der Sonne' ihre Pyramiden und Hünengräber, ihre stattlichen Paläste und Tempel errichteten sowie ihre Bewässerungssysteme und Bergbauarbeiten, Stein- und Metallarbeiten betrieben, scheinen sie den ungeheuerlichen Aberglauben sowie Menschenopfer und Kannibalismus eingeführt zu haben, die allesamt, wie wir gesehen haben, ausnahmslos auf Sargon[158] zurückgeführt werden können.

Der Verzehr von Menschenfleisch wurde im alten Babylonien[159] praktiziert, und es ist berechtigt, anzunehmen, dass Sargon, der große Hohepriester von Enlil (dem Teufel), diesen Brauch eingeführt hat. Wer außer Kain, der ‚von dem Bösen' war, hätte es erfinden können? Gibt es neben der Anbetung falscher Götter eine teuflischere Beleidigung für den Allmächtigen als die Verrohung Seiner edelsten Schöpfung, des Menschen, durch den Verzehr von Menschenfleisch? Die grausame Natur der babylonischen Gesetze wird von einem Autor kommentiert, der anmerkt:

„Die altbekannten semitischen Vorstellungen von der Heiligkeit des menschlichen oder tierischen Blutes müssen von den Babyloniern, deren Kodex durch die häufige Anwendung der Todesstrafe gekennzeichnet ist, längst vergessen gewesen sein." (*The Laws of Moses and Hammurabi*, S. 50, S. A. Cooke.)

Indem ich das Wort ‚semitisch' durch ‚adamitisch' ersetze, stimmt diese Meinung mit meiner eigenen überein, dass die ursprünglichen Regeln, die Adam gegeben wurden, in Babylonien von Kain unter dem Einfluss des Teufels pervertiert wurden.

Sowohl der Kannibalismus als auch der Götzendienst sollen zumeist von wilden und primitiven Stämmen erfunden worden sein. Diese Ansicht scheint jedoch durch die Tatsache widerlegt zu werden, dass dieser von Anfang an mit Ritualen und Zeremonien[160] verbunden war.

---

[157] „Wo immer es möglich ist, die herrschenden Klassen der archaischen Zivilisation zu untersuchen, stellt man fest, dass sie das waren, was man Götter nennt, dass sie die Eigenschaften von Göttern hatten und dass sie sich gewöhnlich die ‚Kinder der Sonne' nannten." (*Children of the Sun*, S. 141, W. J. Perry.)

[158] Siehe S. 52, sowie Anhänge E und H.

[159] Siehe S. 52.

[160] „Die meisten Arten von Kannibalismus sind durch zeremonielle Vorschriften abgesichert" und „Wir sind berechtigt, alle Formen von Endokannibalismus auf einen rituellen Ursprung zu verweisen." (*Ency. Brit.*, Ed. II, Canibalism.)

„Es stimmt, dass es Hinweise darauf gibt, dass einst Menschenfleisch zu Ehren der Geister der Erde verzehrt wurde; wie Professor Maspero kürzlich gezeigt hat, muss es auch im prähistorischen Ägypten der Fall gewesen sein." (*Hibbert Lectures*, S. 83.)

Der Grund dafür, dass es in den Gesetzen des Moses nicht gesetzlich geregelt ist, liegt offensichtlich darin, dass ein solches Verbrechen unter den Hebräern[161] undenkbar war, während es im Kodex von Hammurabi natürlich nicht verboten war, weil es von den Priestern praktiziert wurde. Die ‚zeremoniellen Feierlichkeiten von Nintu von Kis'[162], auf die im Kodex von Hammurabi auf mysteriöse Weise Bezug genommen wird, waren mit allergrößter Wahrscheinlichkeit kannibalische Feste, welche die ersten Entdecker Mexikos entsetzten; denn die alte Zivilisation dieses Landes wird den ‚Kindern der Sonne' zugeschrieben, und es gibt starke Gründe, sie mit der von Babylonien[163] in Verbindung zu bringen.

Eine Verbindung zwischen der altbabylonischen Zivilisation und den ‚Kindern der Sonne' besteht darin, dass in den von ihnen gegründeten Kolonien das Wissen um einen ‚Allvater' offenbar immer Seite an Seite mit der Verehrung grotesker Gottheiten vorhanden gewesen zu sein scheint. Ebenso wie in Babylonien zu Beginn der Geschichte die Erkenntnis Gottes existierte, obwohl Geschöpfe der menschlichen Fantasie verehrt wurden.

Sogar unter den Buschmännern Australiens, zu deren Land laut Sir Arthur Keith vor vielen tausend Jahren[164] Asiaten auf dem Seeweg reisten, wird im Geheimen ein ‚Allvater' geehrt, dem eine wahrhaft göttliche Natur zugeschrieben wird. Die öffentliche Verehrung wurde allerdings einem Gott gewidmet, der durch das Insekt der Gottesanbeterin dargestellt wird, der sehr suggestiv abwechselnd Cagn oder Ikkagan[165] genannt wird, und, wie bereits erwähnt, als das Brauchtum des Sonnengottes die pazifischen Inseln erreichte, war sein Name wieder zu ‚Kane' zurückgekehrt.

„Andere Beweise … deuten darauf hin, dass die Kinder der Sonne ursprünglich über Tahiti herrschten. … Es wird gesagt, dass einige der Häuptlinge früher behaupteten, vom großen Gott Kane abzustammen, offensichtlich einem Sonnengott."
„Die Iku-pau waren direkte Nachkommen von ‚Kane' dem Gott, oder Kumuhenua dem ersten Menschen. … Da Kane ein Sonnengott war, würden die Iku-pau daher von der Sonne stammen, und so stimmt die alte hawaiianische Gesellschaft mit der der archaischen Zivilisation prinzipiell überein." (*The Children of the Sun*, Seiten 167-311, W. J. Perry, 1923.)

Forscher geben die Wahrscheinlichkeit zu, dass die archaischen Zivilisationen Amerikas, Australiens, Indiens und Ozeaniens ursprünglich aus Babylon, Ägypten oder Nordpalästina stammten. Aber wie diese Zivilisation zum ersten Mal entstand und der Ursprung ihrer gemischten Kultur und Barbarei, muss meiner Meinung nach ein Rätsel bleiben, es sei denn, die Theorie wird akzeptiert, dass Kain das menschliche Original des Sonnengottes war, dessen Anhänger in alle Gefilde wanderten und die Kultur der alten Babylonier sowie den Sauerteig der Boshaftigkeit und Verderbtheit mit sich führten.

---

[161] Einigen Kommentatoren zufolge wirft der Prophet Micha (3:3) den Israeliten Kannibalismus vor, und es kann sein, dass sie, einst unter dem Einfluss ihrer kanaanitischen Nachbarn, diese Praxis zusammen mit anderen götzendienerischen Bräuchen übernommen haben. Moloch und Chiun, die von den Kanaanitern verehrten Götter (Amos 5:26), stellten wahrscheinlich den Teufel und Kain dar.
[162] Nintu war Ishtar (‚die Herrin der Götter'). (*Deluge Stories*, S. 63, L. King.)
[163] Siehe Anhang D.
[164] Vorlesung am Royal College of Surgeons, 24. Januar 1925.
[165] *Ency. Brit.*, Ed. II, Mythology. Siehe Anhang D.

V—DETAILS ÜBER KÖNIG KAIN

Weitere Informationen über Sargon von Akkad werden sicherlich jeden interessieren, der meine Theorie akzeptiert, dass er Kain war. Die enge Allianz zwischen Sargon und dem Teufel, die durch die babylonischen Inschriften bezeugt wird, geht mit dem konform, was Josephus zu sagen hat über das, was nach Kains Tod geschah:

„Aber er nahm seine Strafe nicht an, um sich zu bessern, sondern um seine Boshaftigkeit zu vergrößern; denn er wollte sich nur alles verschaffen, was seinem eigenen körperlichen Vergnügen diente, obwohl dies ihn dazu veranlasste, seinen Nachbarländern Schaden zuzufügen. ... Die Nachfahren Kains wurden außergewöhnlich bösartig; nacheinander starben sie, einer nach dem anderen noch niederträchtiger als der vorherige." (*Antiquities of the Jews*, II, 3.)

Was die Inschriften über Sargon sagen, deutet darauf hin, dass er, indem er sein wundersames Wissen in die Praxis umsetzte, sich ‚alles verschaffen konnte, was seinem körperlichen Vergnügen diente', und auch, dass er unentwegt Krieg gegen seine Nachbarländer, dem anderen Zweig von Adams Geschlecht, führte.[166] Es wurden Überreste des ausgeklügelten Bewässerungssystems von Babylon in der Antike entdeckt. Dies war ein Grund für dessen außerordentliche Produktivität, und wie wir gesehen haben, wurde dieses System auf Merodach (Kain?) zurückgeführt. Professor Leonard King schreibt über den Luxus der Zeitperiode Sargons:

„So lesen wir von der Versendung von Gold nach Akkad oder von Ochsenherden sowie Lämmer,- Schaf- und Ziegenherden. Unsere Ergebnisse zeigen, dass Akkad als Gegenleistung Getreide und Datteln sowie wahrscheinlich Kleidungsstücke und gewebte Stoffe nach Süden schickte. Die Bedeutung der ersten Exporte wird durch das häufige Vorkommen der Begriffe ‚Getreide von Akkad' und ‚Datteln von Akkad'[167] in den Handelstexten angezeigt." (*Sumer and Akkad*, S. 237.)

In Anspielung auf Sargon als Shar-gani-sharri beschreibt derselbe Autor seine maritimen Aktivitäten; und da er die babylonische Zivilisation den Sumerern und nicht Kain zuschreibt, stellt er sich selbstverständlich vor, dass Sargon bei seinen Seeexpeditionen von der langen Erfahrung sumerischer Seeleute profitierte. Somit nimmt er lieber an, dass Sargon das auf dem Wasserweg florierende Handelssystem, das bekanntermaßen während seiner Regierungszeit betrieben wurde, organisierte, anstatt es einzuführen. Er schreibt:

„Seit den frühesten Zeiten wissen wir, dass die Flüsse und Kanäle Babyloniens befahren wurden und dass der Persische Golf ein natürlicher Absatzmarkt für den Handel der sumerischen Städte im Süden war. Bei der Organisation einer Marineexpedition zur Eroberung der Küste und der Inseln hätte Shar-gani-sharri einheimische Schiffe und Seeleute zur Verfügung gehabt, deren Kenntnisse über die Golfregion im Rahmen ihres regulären Handels erworben worden waren. ... In der internen Verwaltung seines Reiches scheint Shar-gani-sharri ein regelmäßiges Kommunikationssystem zwischen den führendsten Städten und der Hauptstadt eingeführt oder zumindest organisiert zu haben." (*Sumer and Akkad*, S. 235.)

---

[166] Siehe Seiten 27-120.
[167] Wir haben festgestellt, dass der Sonnengott ‚Herr der Dattel' genannt wird. S. 70.

Abgesehen von der Möglichkeit, dass Sargon Kain war und somit über übermenschliches Wissen verfügte, scheint es unglaublich, dass der große Sargon, wie er auf den Tafeln beschrieben wird, in irgendeiner Weise von der niederen Rasse (,den Schwarzköpfen'), über die er herrschte, inspiriert worden sein sollte.

In der *Cambridge History* heißt es über Sargon:

„In seinem dritten Jahr fiel er in den Westen ein. ... Er behauptet, die gesamten westlichen Länder unterworfen zu haben und das westliche Meer, das ist das Mittelmeer, überquert zu haben, womit er möglicherweise eine Besetzung Zyperns meint. Aus dem ,Land des Meeres' ließ er Beute herüberschaffen."

Derselbe Autor sagt, dass Assyriologen zurückhaltend waren, an diese Berichte über Sargons Reisen zu glauben (und da sie ihn als gewöhnlichen Menschen betrachteten, ist dies nicht überraschend), seine Schlussfolgerung jedoch lautete:

„Es scheint unmöglich, die Reise Sargons über einen Teil des Mittelmeers wegzudiskutieren, und natürlich war Zypern sein erstes Ziel. Darüber hinaus wurde in Diarbekr eine Stele von Sargons Sohn Naram-Sin gefunden." (Vol. I, S. 405.)

Ein anderer Autor sagt über Sargon:

„Er soll auch erfolgreiche Expeditionen nach Syrien und Elam unternommen haben. Mit den eroberten Völkern dieser Länder bevölkerte er Akkad und baute dort einen prächtigen Palast und Tempel; einmal war er drei Jahre abwesend, als er zum Mittelmeer vordrang, und wie Sesotris, Herkules usw. dort Denkmäler seiner Taten hinterließ und mit immenser Beute nach Hause zurückkehrte." (*Chaldea*, S. 205, Ragozin.)

VI—WAR KAIN AUF KRETA?

Wenngleich Professor King zögerte, alles zu glauben, was die babylonischen Inschriften über Sargons Reisen sagen, zeigt er, dass andere Autoritäten zu verblüffenden Schlussfolgerungen zu diesem Thema gelangt sind.

„Professor Winckler gibt sich nicht damit zufrieden, ihn (Sargon) auf Zypern zurückzulassen, sondern träumt von weiteren Seeexpeditionen seinerseits nach Rhodos, Kreta und sogar auf das griechische Festland." (*Sumer and Akkad*, S. 345.)

Weiterhin gibt er zu:

„Es gibt jedoch bestimmte Merkmale der ägäischen Kultur, die auf eine babylonische Quelle zurückgeführt werden können. … Unter anderem sind die Häuser in Fara mit einem sehr ausgeklügelten Entwässerungssystem ausgestattet, und es wurden Drainagen sowie Abzugskanäle gefunden … in Nippur, in Surghul und an den meisten frühsumerischen Stätten, an denen Ausgrabungen durchgeführt wurden. Diese wurden mit dem Entwässerungs- und Sanitärsystem von Knossos verglichen." (*Sumer and Akkad*, S. 345.)

Er führt weiterhin an, dass „die Tontafel und der Stilus wahrscheinlich von Babylonien nach Kreta gelangten."[168]

Professor Sayce stellt fest, dass auf einem in Zypern gefundenen Hämatit-Zylinder der Name von Sargons Sohn, Naram-Sin, eingraviert ist, und dass „der göttliche Titel dem Königsnamen[169] vorangestellt ist." In der *Cambridge History* lesen wir, dass babylonische Zylinder in Gräbern auf Zypern gefunden wurden, die vermutlich aus dem dritten Jahrtausend vor Christus[170] stammen, und dass:

„über Sargon eindeutig berichtet wird, dass er das Meer des Westens überquert hat." (Vol. I, S. 405.)

Diese Aussagen zeigen, dass Professor Wincklers ‚Traum' von Sargons Anwesenheit auf Kreta nicht unberechtigt war; und der Name Khyan oder Kian[171] (Kain) auf einem Alabasterdeckel einer Truhe, die in Knossos auf Kreta[172] entdeckt wurde, ist ein weiterer Hinweis darauf, dass Sargon (d.h. Kain) einst dort war.

Was hätte Professor King zu der noch überraschenderen Behauptung gesagt, dass Sargons Reich einen Teil Großbritanniens umfasste?

---

[168]   *Sumer und Akkad*, S. 345.
[169]   *Hibbert Lectures*, 1887, S. 278.
[170]   *Cambridge History*, Vol. I, S. 143.
[171]   Siehe Anhang D. Derselbe Name wurde auf einem Granitlöwen in Babylonien gefunden (British Museum). *Cambridge History*, Vol. I, S. 175.
[172]   *Greek Art and National Life*, Kaines Smith, S. 43.

„Ein zeitgenössischer Hinweis auf die … Zinnminen in Großbritannien scheint wahrscheinlich in der historischen Straßentafel des großen ‚Akkad‘-Kaisers Sargon I zu existieren, … die die Meilenzahl und die Geographie der Straßen durch sein riesiges Reich der Herrschaft über die Welt hindurch aufzeichnet. Das vorliegende Dokument ist eine beglaubigte Kopie in Keilschrift der Originalaufzeichnung von Sargon I. Es wurde in der assyrischen Hauptstadt Assur gefunden und im 8. Jahrhundert vor Christus von einem offiziellen Schreiber angefertigt. Die Tafel beschreibt die Länge der Straßen innerhalb von Sargons Reich von seiner Hauptstadt Agade am Euphrat und berichtet, dass ‚der Ertrag der Minen in Talenten und der Ertrag der Felder zu Sargon gebracht wurde.‘ Außerdem wird berichtet, dass sein Reich die ‚Länder vom Aufgang bis zum Untergang der Sonne, die Sargon, der … König, mit seiner Hand eroberte‘, neben vielen anderen Ländern … das Land des Zinnlandes umfasste, das jenseits des Oberen Meeres (oder Mittelmeers) liegt.“[173] (*The Phoenician Origin of Britons*, L. A. Waddell, LL.D., C.B., C.I.E. usw., 1925, S. 413.)

Auf Seite 160 schreibt Professor Waddell ebenfalls:

„Und es scheint nun, dass das ‚Zinnland jenseits des Oberen Meeres‘ (oder Mittelmeer) der Amoriter (sic.), die von Sargon unterworfen waren … die Kassiteriten von Cornwall waren. Während ein anderer neuerer Autor Beweise für den kretischen Ursprung des ‚megalithischen England‘ vorbringt.“[174]

Unter der Annahme, dass Sargon von Akkad Kain war, mehr als 700 Jahre lebte und übermenschliche Kräfte an Körper und Geist besaß, finden wir einen Hinweis auf das Problem der prähistorischen Zivilisation Kretas, Zyperns und Griechenlands und möglicherweise Großbritanniens, denn die Denkmäler scheinen zu zeigen, dass Sargon all diese Orte bereist hat. Welche wahrscheinlichere Erklärung könnten wir für die beharrlichen Traditionen des ‚ersten Königs des Meeres‘ finden, von dem ein neuerer Schriftsteller sagt:

„Sowohl Herodot als auch Thukydides haben den Glauben bewahrt, dass ein kretischer König namens Minos der erste König des Meeres war, den die Geschichte kennt.“ (*The Life of the Ancient East*, J. Baikie, 1923.)[175]

Der Name Minos ähnelt dem von Menes, von dem man heute annimmt, dass er nicht nur einen, sondern eine ganze Dynastie ägyptischer Könige repräsentierte, die laut Dr. Elliot Smith und anderen Experten aus Asien[176] stammten und laut Dr. Hall ‚mit den Kretern verwandt‘[177] waren. Ein Autor sagt:

„In dem Wort ‚Minos‘ haben wir nicht den Namen eines einzelnen Mannes, sondern den Titel eines Königsgeschlechts.“ (*Life of the Ancient East*, S. 369, Rev. J. Baikie.)

---

[173]   Text veröffentlicht in *Keilschrifttexte aus Assur verschiedenen Inhalts*, 1920, Nr. 92.
[174]   *Downland Man*. H. J. Massingham.
[175]   Wenn Sargon der erste Seekönig war und als Merodach dargestellt wurde, könnte der Dreizack, mit dem dieser Gott dargestellt wird, das Original von Neptuns Emblem sein. Siehe Abbildung S. 84.
[176]   *The Ancient Egyptians*, Seiten 118, 141.
[177]   *Ancient History of the Near East*, S. 87.

Nun wird nahezu dasselbe über Mena, den altüberlieferten ersten König von Ägypten, gesagt:

„Es scheint, dass ‚Mena' in Wirklichkeit die frühen erobernden Monarchen seiner Dynastie repräsentiert." (*Ancient History of the Near East*, Dr. Hall, S. 105.)

Diese Bemerkungen stützen unbeabsichtigt meine Theorie, dass sowohl der Name Minos als auch der Name Mena die Rasse Adams repräsentierten und diese Rasse sich von den Präadamiten Kretas und Ägyptens unterschied. Die frühen Kreter werden Minoer genannt, und Dr. Hall bringt sie mit den ersten ägyptischen Herrschern (den Men oder Menti der Monumente[178]) in Verbindung, die gemäß Dr. Elliot Smith aus Asien[179] stammten. Dies weist darauf hin, dass die Namen Minoan auf Kreta, Minyan in Armenien (in diesem Land soll die Bundeslade gelegen haben[180]), Men in Babylonien[181] und Mena, Men oder Menti in Ägypten die Rasse Adams von den negroiden Bewohnern dieser Länder unterschied.

Wie auch immer dies sein mag, die folgende Beschreibung von Minos von Kreta und dessen Diener Dädalus ist interessant, weil sie zu Kain und dem Sohn seiner Söhne Tubal-Kain passt.

James Baikie schreibt:

„Der Minos, mit dem wir in der griechischen Geschichte am besten vertraut sind, ist nicht der gerechte Gesetzgeber und Freund Gottes, sondern in der Tat ein sehr weltlicher Herrscher. Er ist der große Tyrann der Ägäis, der seine Flotten aussendet und von allen Ländern seinen schrecklichen Tribut verlangt. Er ist der Schutzpatron von Dädalus, dem Vater aller Kunsthandwerker und Erfinder, der für seinen Herrn den grauenvollen, unverfrorenen Mann Talos erschuf, und der den Tanzplatz von Ariadne in Knossos baute und das berühmte Labyrinth errichtete." (*Life of the Ancient East*, S. 369.)

Ist es zu fantasievoll, anzunehmen, dass Dädalus Tubal-Kain war, ‚ein Lehrer aller Erz- und Eisenhandwerker' (Gen. 4:22), und dass sein Bruder Jubal, ‚der Vater derer war, die mit der Harfe und mit der Orgel spielten' und die tänzerische Kunst der Ariadne inspirierte? Berichte über kretische Kunst stimmen so sehr mit dem überein, was über babylonische Kunst gesagt wird, dass es notwendig erscheint, beide auf denselben Ursprung zurückzuführen, insbesondere da sie im selben Jahrtausend existierten. Die folgenden Ausführungen sollten mit denen auf Seite 31 verglichen werden.

„Eine der erstaunlichsten Entdeckungen der Ausgrabungen in Knossos war die der künstlerischen Qualität der Könige des Meeres …"

Da wir gerade von einem Beispiel sprechen, und Bezug nehmend auf Sir Arthur Evans, konstatiert derselbe Autor:

---

[178]   *Ancient History of the Near East*, S. 87.
[179]   *Ancient Egyptians.*
[180]   Siehe Anhang B.
[181]   *The Tel Armarna Tablets*, Conder, S. 174. „Das Land der Men soll in der Nähe von Assyrien gelegen haben."

„Als Kunstwerk ist es hervorragend in seinem Realismus und seiner Vitalität. ‚Keine Figur eines Bullen‘, sagt Evans, ‚die gleichzeitig so kraftvoll und so wahrheitsgetreu ist, wurde von der späteren klassischen Kunst hervorgebracht.‘“ (*The Life of the Ancient East,* J. Baikie, S. 382.)

Das herausragende Merkmal sowohl der kretischen Kunst als auch der babylonischen Kunst ist die absichtliche Degradierung wahrer Kunstfertigkeit und des guten Geschmacks. Die folgenden Bemerkungen könnten genauso gut auf babylonische Siegel wie die auf den Seiten 56 und 59 angewendet werden. Herr James Baikie sagt:

„Da liegt die Offenbarung, nicht nur in den großen Fresken, sondern noch mehr in Werken wie den Siegelabdrücken … einer seltsamen, unheimlichen, unerfreulichen Wendung im minoischen Gemüt. Es lag etwas Perverses und Ungesundes in der Fantasie, die einige der Albtraumfiguren auf diesen Siegeln gestaltete, unabhängig davon, ob ihre Bedeutung religiöser oder nur phantasievoller Natur war.“ (S. 38.)

Das Markenzeichen der kretischen Kunst war die Schlange, und wenn man so will, trägt dies dazu bei, diese degradierte Kunst mit Kain in Verbindung zu bringen. H. J. Massingham merkt an:

„In der Tat haben wir auf Kreta, wo die Fantasie wie in keinem anderen Land der antiken Welt wuchs und sich entfaltete, eine unendliche Vielfalt an Drachenformen. … Auch auf Kreta erreichte der Schlangenkult Ägyptens, repräsentiert durch den heiligen Uräus, seinen Höhepunkt … und die Schlange war sicherlich einer der Prototypen des Drachen ebenso wie der Greif, dessen Steinbilder im Thronsaal des Minos standen. Als das griechische Festland mit den kulturellen Traditionen der spätminoischen Zeit befruchtet wurde, haben wir ebenfalls das Drachenzepter der mykenischen Könige, ein weiterer Hinweis auf die bestehende Beziehung zwischen der Königswürde und dem Drachen.“ (*Fee, Fi, Fa, Fum,* S. 102, 1926.)

Eine weitere Verbindung zwischen Kreta und dem Babylonien zur Zeit Sargons ist die Kleidung der auf den Siegeln abgebildeten Frauen. Es scheint, dass die Damen von Sargons Hof, ob in Babylonien oder auf Kreta, ähnlich gekleidet waren wie die Damen der Königin Victoria. Die abgebildete babylonische Zeichnung veranschaulicht dies. (Siehe S. 103.)

Über kretische Frauen sagt ein Schriftsteller:

„Die Kleider der Damen waren umwerfend modern … Abendkleid, extrem tief ausgeschnitten, Puffärmel, Röcke vom Saum bis zur Taille aufwendig mit Rüschen besetzt. Die Haare waren wunderbar gekräuselt und gelockt …“ (*The Life of the Ancient East,* S. 381, Rev. J. Baikie.)

Unbeabsichtigte Beweise für eine Verbindung zwischen den Religionen Kretas und Babyloniens stammen von zwei unabhängigen Autoren; einer von ihnen schreibt:

„Die als Gnosis bekannte mystische Philosophie war aller Wahrscheinlichkeit nach die Philosophie, die in prähistorischen Zeiten bei Knossos auf Kreta gelehrt wurde.“ (*Archaic England,* S. 76, H. Bailey.)

Ein anderer Autor sagt, dass bestimmte Merkmale des Gnostizismus auf Babylonien zurückverfolgt werden können und dass die sieben bösen Geister, denen die Gnostiker die Erschaffung der Welt zuschreiben, dieselben sind wie die sieben bösen Geister der babylonischen Inschriften, die (wie wir gesehen haben)[182] die erste Frau erschaffen haben sollen. Wenn Professor Waddell richtigliegt, wenn er den ‚sumerischen Vatergott' Zagg mit dem kretischen Gott Zeus[183] gleichsetzt, bietet auch er eine Verbindung zwischen der babylonischen und der kretischen Religion an. Wir haben bereits gesehen, dass Sargon vielleicht manchmal Zaggisi[184] genannt wurde, deshalb wohl waren sowohl Zagg als auch Zeus mythologische Repräsentanten von ihm.

Sicherlich erhöht allein die Wahrscheinlichkeit, dass König Minos Kain war (meines Erachtens werden selbst die Ungläubigsten diese Möglichkeit zulassen), das Interesse an Kreta und dessen Bauten. Uns wird gesagt, dass „der Palast von Knossos mit seinem komplexen und kompetenten System der Oberflächenentwässerung und den gut konstruierten Lichtbereichen inmitten seiner Gebäudekomplexe die Heimat fortgeschrittener Kenntnisse der praktisch angewandten Wissenschaft war", dass es

a)   „einen verwirrenden Komplex aus Mauern, Kammern, Höfen und Korridoren darstellt, der den Namen Labyrinth durchaus verdient,"
b)   „dass in seinen labyrinthischen Räumen und Korridoren Gemälde von mächtigen Bullen und von eifrigen und aufgeregten Scharen von Männern und Frauen zu sehen sind,"
c)   „dass Minos, sein König, ‚ein mächtiger Gesetzgeber' war" und
d)   „dass der Thronsaal entdeckt wurde," mit dem „königlichen Thron an die Wand gelehnt und von Sitzbänken umgeben." (*Greek Art and Nat. Life*, Seiten 15-25.)

Ein anderer Schriftsteller führt an:

„Die europäische Welt brauchte mehr als dreitausend Jahre, um die sanitären Kenntnisse wiederzugewinnen, die beim Zusammenbruch des Minoischen Reiches verloren gingen." (*Life of the Ancient East*, S. 392, Baikie.)

Mr. Kaines Smith kommentiert eine Kuriosität von Knossos:

„Das fast vollständige Fehlen von Verteidigungsanlagen in Knossos zeugt von einem Gefühl der Sicherheit vor Angriffen, das nur aus einem sehr hohen Zivilisationsstand und darüber hinaus aus dem Wissen um die Überlegenheit gegenüber den meisten Feinden entstehen konnte. … Ebenfalls war vom Meer aus ein Angriff nicht zu befürchten, lediglich ein paar Wachtürme schützten den Palast. Aus dieser Tatsache lässt sich nur schließen, dass Kreta die Herrschaft über überseeische Länder und Gebiete innehatte." (*Greek Art usw.*, S. 29.)

Meine Vermutung ist, dass Kreta vielmehr eine Überseekolonie Babyloniens war und dass das Fehlen von Befestigungsanlagen auf die Tatsache zurückzuführen war, dass Adams Nachkommen durch Seth den Werdegang Kains nicht störten. Ich stelle mir vor, wie die Sethiter in dem Gebiet, das schließlich durch die Sintflut zerstört wurde, so friedlich lebten, wie Kains

---

[182]   Siehe S. 53.
[183]   *Phoenician Origin of Britons usw.*, S. 342.
[184]   Siehe S. 38 und Anhang D, S. 1.

Überfälle[185][186] auf sie und ihre eigene immer größer werdende Bosheit es erlaubten.

Auf Kreta sind die Ruinen mehrerer Paläste ausgegraben worden, und – wenn auch in Abständen von Jahrhunderten – sie sind nach denselben Grundsätzen erbaut worden. Dies stützt die Theorie, dass Kain, der jahrhundertelang lebte, ihr Architekt war. Folgende Aussage stützt meine Argumentation, indem sie zeigt, dass auf Kreta einst ein Priesterkönig von gigantischer Größe lebte, der im Verdacht stand, Menschen zu opfern und möglicherweise Kannibalismus zu betreiben. Sir Arthur Evans soll gesagt haben:

„Die Entdeckungen der Franzosen waren von außerordentlichem Interesse. Sie fanden heraus, dass die Räume, in denen der Herrscher lebte – er war sicherlich ein Priesterkönig –, auf einer Etage lagen und dass die Fenster auf einen offenen Korridor hinausgingen. Gegenüber dem zentralen Hof befand sich eine erhöhte Steinplattform oder Loggia, die über Stufen erreichbar war und auf der sich ein Teil eines Altars befand. Offenbar stieg der Priesterkönig von seinen inneren Gemächern hinauf und zeigte sich dem Volk im zentralen Hof, und zweifellos führte er bestimmte Riten durch oder wandte sich an das Volk. In einem kleinen Raum hatten die französischen Forscher einen Krug gefunden, der auf etwa 2100 vor Christus datiert werden konnte, sowie ein riesiges Bronzeschwert, das länger ist als jedes in Europa bekannte antike Schwert. Das Schwert hatte eine prächtige Struktur, am Griff vergoldet, und endete in einem facettenreichen Kristallknauf, der eine gewisse Menge an Amethystfarben aufwies, und es gehörte offensichtlich dem Königspriester. Es wurden auch Knochenfragmente gefunden, die sich vermutlich als menschlich erweisen würden. Ebenfalls wurde eine Bronzeaxt entdeckt, deren Rückseite die Form eines Leoparden hatte und mit Spiralornamenten bedeckt war. Dabei handelte es sich um eine zeremonielle Axt, die einem Kult angehörte, der zweifellos aus Kleinasien herüberkam, und sie war offenbar das Zeichen des Ranges des Königs als Priester, so wie das Schwert das Zeichen seiner bürgerlichen Macht war. Dabei handelte es sich um die ersten gefundenen Überreste eines der frühen prähistorischen Könige." (*Times newspaper,* November 11th, 1925.)

Angesichts der Tatsache, dass Sargon von Akkad auf Kreta zurückverfolgt werden kann und dass die Zivilisation dieser Insel auf die Zeit Sargons (den Denkmälern zufolge)[187] und auf die Zeit Kains (den biblischen Daten zufolge) zurückgeht, kann zuversichtlich die Behauptung aufgestellt werden, dass es keine vertretbarere Erklärung für seinen vorgeschichtlichen Ruhm gibt als die, dass dort einst Kain mit seinem übermenschlichen Wissen herrschte. Wenn diese Knochenfragmente tatsächlich menschlich sind, könnten sie, ebenso wie das mächtige Schwert und die zeremonielle Axt, düstere Verbindungen zum ‚ersten Mörder' darstellen. Der Priesterkönig von Enlil vollzog grausame Rituale. Hätte er sie womöglich nicht auf dieser Plattform vor den Augen seiner unterwürfigen Höflinge vollziehen können? Meinten die babylonischen Priester es ernst oder waren sie ironisch, als sie über Sargon schrieben, dass „er seine Herrlichkeit über die Welt ausgegossen hat"[188]?

---

[185] *Sumer and Akkad,* S. 249, L. King. Siehe Seiten 111-120.
[186] Ausgegraben von der französischen Schule von Athen.
[187] *Ency. Brit.,* Ed. XI, Kreta. „Die aufeinanderfolgenden ‚minoischen' Schichten, die bis weit ins vierte Jahrtausend vor Christus zurückreichen."
[188] *Sumer and Akkad,* S. 234.

VII—DAS TRAURIGE ENDE VON SARGON

Eine alte Überlieferung beschreibt Kain in seinen letzten Tagen als einen Flüchtling und auch ein schreckliches Schauspiel, bei dem ein langes Horn auf seiner Stirn gewachsen war.[189] Er soll beim Lauern im Dickicht für ein wildes Tier gehalten und von seinem blinden Nachkommen Lamech erschossen worden sein. Unabhängig davon, ob diese Geschichte wahr ist oder nicht: Aus den verstümmelten Fragmenten der Schriften der Priester geht mit Sicherheit hervor, dass der ‚babylonische Karl der Große‘ böse Zeiten erlebte. Gemäß Professor King heißt es in einer von Sargons Inschriften:

„Wegen des Bösen, welches er begangen hatte, wurde der große Marduk wütend und vernichtete sein Volk durch Hungersnot. Vom Aufgang der Sonne bis zum Untergang der Sonne stellten sie sich ihm entgegen und gaben ihm keine Ruhe. … Es mag befremdlich wirken, dass er ein solches Ende erleidet trotz seiner glänzenden und siegreichen Herrschaft. Allerdings kann man in den bösen Taten, die Sargon zugeschrieben werden, einen Hinweis auf seine Deportationspolitik erkennen, die ihm erbitterte Feinde unter der Priesterschaft und den konservativeren Elementen in der Bevölkerung des Landes eingebracht haben könnte." (*Sumer and Akkad*, S. 240.)

Die Theorie, dass Sargon seine Untertanen zu deportieren pflegte, führt zu der Annahme, dass sich Kains Zivilisation und Bräuche schon früh im Ausland ausbreiteten.[190]

In der *Cambridge History* lesen wir:

„Die glorreiche Herrschaft Sargons endete mit dem Aufstand des gesamten Reiches. Die babylonische Chronik führt sein Unglück pragmatisch auf die Entweihung der heiligen Stadt Babylon zurück. Ein Omen-Text enthält die unveränderte Überlieferung: ‚Sargon, dessen Truppen ihn in einem Graben fesselten und ihren Herrn mittels einer Allianz überwältigten‘. Das Unglück, das ihn am Ende seiner Karriere ereilte, wird erneut auf ein Geburtsomen zurückgeführt: ‚Wenn ein Mutterschaf einen Löwen mit dem Kopf eines Lammes zur Welt bringt, wird Sargon beklagt, dessen Weltherrschaft (vergangen) ist.‘" (S. 408.)

Kains Nachfolger hieß offenbar Naram-Sin und war ein ebenso großer Krieger wie Sargon; er beanspruchte den stolzen Titel ‚König der vier Himmelsrichtungen (der Welt)‘[191], und man sagt, er habe neun Armeen besiegt.[192] Professor King merkt an:

„Es besteht kaum ein Zweifel daran, dass Naram-Sin die Nachfolge von Shar-gani-sharri auf dem Thron von Akkad antrat, den wir mit erheblicher Zuversicht sowohl als seinen Sohn als auch als Nachfolger betrachten können …" (*Sumer and Akkad*, S. 241.)

---

[189] Vielleicht ergab sich die Geschichte des Horns aus der Tatsache, dass Sargon einen gehörnten Helm trug, welcher dem auf der unten gegebenen Zeichnung zu sehendem Helm von Sargons Sohn ähnelte. Professor King sagt: „Er trägt einen Helm, der mit den Hörnern eines Stiers geschmückt ist, und er trägt eine Streitaxt sowie Pfeil und Bogen." (Siehe Abbildung S. 119.)
[190] *Sumer and Akkad*, L. King, S. 242.
[191] *Sumer and Akkad*, L. King, S. 242.
[192] *Times History*, Vol. I, S. 363.

NARAM-SIN MIT GEHÖRNTEM HELM

Siehe S. 118.

Stele von Naram-Sin, dem König von Agade, die den König und seine
Verbündeten im Triumph über ihre Feinde darstellt. – *Foto, Mansell & Co.*
Reproduziert von Kings *History of Sumer and Akkad* (1910).

119

Angesichts der nicht glaubwürdigen Wesensart der Priesterschriften ist es unmöglich zu wissen, ob diese Könige alles taten, was die Inschriften vermuten lassen; aber wenn es sich um Kain und seinen Sohn handelte, hätten sie möglicherweise Wunder vollbracht, denn vermutlich waren sie übermenschlich.

Sargons Dynastie war anscheinend um das Jahr 2400 vor Christus zu Ende gegangen, als bekanntermaßen ein König namens Samu-abi (Sem ist mein Vater) Babylonien[193] eroberte und die Dynastie gründete, deren letzter König Hammurabi war, ein angeblicher Zeitgenosse Abrahams.

Es wird davon ausgegangen, dass diese Dynastie aus dem Geschlecht von Sem stammte. Obwohl Assyriologen zwischen Samu-abi und Sargon mehrere mutmaßliche Dynastien eingefügt haben, die auf ‚sumerischen‘ Namen basieren, bin ich davon überzeugt, dass Kains Nachkommen in Babylonien regierten, bis sie schließlich von Sem oder seinen Söhnen vertrieben wurden. Gott ‚wohnte in den Zelten Sems‘ (Gen. 9:27), und unbestreitbar waren Sems Nachkommen seit der Zeit Noahs die Bewahrer der göttlichen Orakel; infolgedessen ist es sehr wahrscheinlich, dass Sems Volksstamm Babylonien (die Hochburg des Götzendienstes) angriff. Wenn die späteren babylonischen Priester die Tatsache verschleierten, dass die Diener des Einen Gottes einst ihr Land erobert und regiert hatten und lieber suggerierten, dass Kains Herrschaft in einer Revolution seiner eigenen Untertanen endete, dann ist das genau das, was wir von ihnen erwarten würden. Denkmäler zeigen, dass die Menschen, gegen die Sargon und sein Sohn in Westasien kämpften, derselben Rasse angehörten wie sie selbst und keine schwarzen Menschen waren, wie Sargons Untertanen gewesen zu sein scheinen. Dies führt zu der Annahme, dass Noahs Söhne den Untergang von Kains Reich herbeiführten.

Professor King beschreibt die Stele von Sharru-gi (eine andere Form des Namens Sargon) und merkt an:

„Die Feinde des Königs sind Semiten, sodass wir schon zu seiner Zeit das Bild unterschiedlicher Clans oder Stämme haben, die untereinander um den Besitz der Länder konkurrierten, in die sie eingefallen waren.“ (*Sumer and Akkad*, S. 249.)

In den Kriegsbildern dieser Zeit erscheinen keine schwarzen Feinde; dies rechtfertigt die Schlussfolgerung, dass, als ‚die Kinder des Sonnengottes‘ auf der Suche nach Gold, Perlen und Türkis nach Osten wanderten, sie auf keinen Widerstand etwaiger schwarzer Rassen stießen und friedlich Zivilisationen gründeten, wie es Kain zuerst in Babylonien getan hatte.

Bis auf eine der großen antiken Zivilisationen sind alle längst untergegangen. Allerdings hat die verbleibende so viele Merkmale mit Sargons Reich gemeinsam, dass eine Anspielung darauf verführerisch ist, denn die Annahme, dass die gelbe Rasse ihren Ursprung einer ‚sehr frühen Mischung‘ der Rasse Kains mit einer schwarzen Rasse verdankt, ist eine These, die durchaus mit den ethnologischen Lehren übereinstimmt.[194]

---

[193] Usshers Datum für die Sintflut liegt etwa 50 Jahre später, aber wenn man bedenkt, dass solche frühen Daten nur ungefähre Angaben sind, ist dieser Unterschied vernachlässigbar.

[194] *Ency. Brit.*, Ed. XI, Ethnology.

VIII—WAR KAIN DER GRÜNDER CHINAS?

Die Vermutung, dass Kain oder seine näher verwandten Nachkommen das mysteriöse chinesische Reich gründeten, mag auf den ersten Blick als fantasievoll angesehen werden, doch chinesische Traditionen und andere Aspekte liefern Anhaltspunkte für eine solche Theorie.

So wie Sargon von Akkad über die Schwarzköpfe geherrscht haben soll, so heißt es in der chinesischen Tradition, dass der erste Herrscher ‚die schwarzhaarigen Menschen verändert' und sie ‚strahlend geistreich'[195] gemacht habe. Ebenso wie Kain, wenn meine Rückschlüsse richtig sind, das Wissen über Einen Gott nach Babylonien brachte, Seine Anbetung jedoch durch die Anbetung seiner eigenen Eltern ersetzte, so stellen wir in China fest, dass dort sowohl das Wissen um Einen Gott als auch die Ahnenverehrung schon so weit zurückgeht, wie die Geschichte zurückreichen kann. In der *Encyclopedia Britannica* lesen wir:

> „Die frühesten Spuren religiösen Denkens und Praktizierens in China deuten auf einen einfachen Monotheismus hin. Es gab einen göttlichen Herrscher des Universums, der in der Höhe verweilte jenseits der Wahrnehmung des Menschen. … Nach und nach kam zu dieser monotheistischen Vorstellung eine Verehrung der Sonne, des Mondes und der Gestirne, der fünf Planeten und so auffälliger Einzelsterne wie (z. B.) Canopus hinzu, der heute als Heimat des Gottes der Langlebigkeit gilt … neben solchen Opferriten gab es auch die Ahnenverehrung, die so weit zurückreicht, dass ihr Ursprung in historischen Dokumenten, wie wir sie besitzen, nicht erkennbar ist. … Bei diesem Ahnenkult handelt es sich nicht um einen Gedenkgottesdienst zur bloßen Würdigung der Verstorbenen; es war schon immer und ist immer noch Verehrung im engeren Sinne des Wortes." (Ed. XI, Vol. 6, S. 174.)

Ein neuerer Schriftsteller konstatiert:

> „Der Ursprung der Chinesen liegt im Dunkeln. Einige gehen davon aus, dass die Vorfahren der Chinesen erstmals im Gebiet südlich des Kaspischen Meeres lebten und etwa im 23. Jahrhundert vor Christus nach Osten wanderten. Andere behaupten, dass ihre ursprüngliche Heimat in Babylonien in der großen Euphrat Ebene lag und dass sie viele Elemente ihrer Zivilisation von den alten Chaldäern ableiteten. … Es scheint sicher, dass sie aus dem westlichen Teil Asiens ausgewandert sind und sich zunächst in der heutigen Provinz Shensi in dem Tal des Gelben Flusses niedergelassen haben. Nach ihrer Migration begannen sie bald mit landwirtschaftlichen Tätigkeiten und hörten auf, ein Hirtenvolk zu sein. Unter den primitivsten Schriftzeichen der chinesischen Schriftsprache finden wir Hieroglyphen, die darauf schließen lassen, dass sie nicht nur Schafe und Rinder hielten, sondern auch Ackerbau betrieben.
>
> In vielerlei Hinsicht ähnelt der Bau eines chinesischen Hauses stark dem eines Zeltes, was den Eindruck erweckt, dass die Chinesen ursprünglich ein Nomaden- oder Wandervolk waren. Die Chinesen waren nicht die ersten Bewohner des Landes, in dem sie sich niederließen. Als sie in das Tal des Gelben Flusses wanderten, fanden sie Ureinwohnerstämme vor, die diese Gegend bereits besiedelten, und erlangten dieses Gebiet durch Eroberung. Diese einheimischen Stämme wurden immer mehr nach Süden und Westen gedrängt, aber nie ausgerottet." (*Sketch of Chinese History*, F. Hawkes Pott, S. 23.)

---

[195] *Sacred Books of the East*, Max Müller, S. 32.

Derselbe Autor merkt an, dass die frühesten Herrscher ‚die gesamte Kultur Chinas mitbrachten‘, zudem sei ihnen das Goldene Zeitalter zu verdanken, und (was im Zusammenhang mit Kain vielsagend ist) einer dieser frühesten Herrscher war als ‚Göttlicher Ackerbauer‘[196] bekannt. Der verstorbene Professor Terrein de Lacouperie behauptete, es gebe eine große Ähnlichkeit zwischen den babylonischen und chinesischen Glaubensinhalten und Bildungseinrichtungen sowie in ihrer Astronomie und Medizin. Er machte darauf aufmerksam, dass jüngste Ausgrabungen in Babylon Folgendes zeigten:

„Die Kanäle und künstlichen Wasserstraßen Chinas lassen eine verblüffende Ähnlichkeit mit den Kanälen erkennen, mit denen ganz Babylonien durchzogen war, was ein ebenso typisches Merkmal dieses Landes gewesen sein muss wie ähnliche Bauwerke in China heute." (*China*, Professor K. Douglas.)

Ein düsteres Anzeichen dafür, dass die chinesische Zivilisation von Kain abstammt, ist, dass alten Historikern zufolge unter den alten Chinesen Kannibalismus betrieben wurde.[197] Es kann kaum von den Hamiten dorthin gebracht worden sein, denn sie scheinen nach Afrika gegangen zu sein, und es gibt auch keinen Grund, die Familie von Japhet zu verdächtigen, das Böse zu verbreiten oder große Zivilisationen aufzubauen. Die Nachkommen Sems waren nach allem, was wir aus der Bibel über sie wissen, zu einer solchen Barbarei nicht fähig, und wir können daraus die Schlussfolgerung ziehen, dass der Kannibalismus von einigen Angehörigen Kains oder vielleicht sogar von Kain selbst aus Babylonien nach China gebracht wurde.

Es muss zugestanden werden, dass dies solide Gründe für die Annahme sind, dass die chinesische Zivilisation ihren Ursprung in Mesopotamien hat, und es gibt weitere Beweise dafür. Mehrere Autoren glauben, dass die chinesische Sprache eine gewisse Verwandtschaft mit der primitiven Sprache Babyloniens aufweist, und Professor Sayce zitiert Professor de Lacouperie mit den Worten, dass die Vorfahren der Chinesen in Kontakt mit den Erfindern des Keilschriftsystems standen, während er selbst die den Chinesen eigentümlichen schrägen Augen auf Babylonien zurückführt und sagt:

„Die frühesten babylonischen Denkmäler geben zwei Menschentypen an, einen mit schrägen Augen und einem Negrito-Gesicht, den anderen mit starkem Bartwuchs." (*Archeology of the Inscriptions*, Sayce.)

Ebenso wie Kains Ankunft in Babylonien die einfachste Erklärung für das plötzliche Aufkommen von Zivilisation und Kultur in diesem Land zu sein scheint, so würde sein Einfluss wie nichts anderes die chinesische Kunst, Philosophie und Wissenschaft erklären, die bekanntermaßen zu Beginn ihrer Geschichte existierte. Ein solches Volk, das sich nie verändert oder weiterentwickelt hat und in gewisser Weise barbarisch und teuflisch grausam ist, sollte von Anfang an das Wissen um Gut und Böse besessen haben? Dies ist ein Problem, das einzig durch die Entstehungstheorie ‚Kain‘ erklärt werden kann, die unbeabsichtigte Unterstützung erhält von Professor Douglas, der festhält:

---

[196] *Der goldene Zweig*, Bd. 2, S. 12.
[197] *Ency. Brit.*, S. 184, Ed. XI, Cannibalism.

„An der vermuteten Bewegung der chinesischen Stämme von Mesopotamien an die Ufer des Gelben Flusses ist nichts Unwahrscheinliches." (*China.*)

So belanglos die folgenden Hinweise auch erscheinen mögen, so unterstützen sie doch meine Theorie. Wir haben gesehen, dass der Titel ‚Göttlicher Ackerbauer' in der alten chinesischen Geschichte bekannt war. Eröffnete der chinesische Kaiser womöglich im Gedenken an Kain, den ersten ‚Ackerbauer', seit uralten Zeiten das jährliche Pflügen auf dem ‚heiligen Feld', manchmal auch ‚Feld Gottes' genannt?

Sir James Frazer schreibt:

„Der Kaiser, begleitet von den höchsten Würdenträgern des Staates, führt mit seiner eigenen Hand den von Ochsen gezogenen Pflug mehrere Furchen hinunter und streut die Saat auf einem heiligen Feld, dem Feld Gottes." (*Der goldene Zweig*, Bd. II, S. 12, Ed. 2.)

Wiederum: Bezog sich Kaiser Ho-ang-ti auf Kains 730-jähriges Leben, als er die vergleichsweise kurze Lebensspanne seiner Zeit beklagte?[198] Überdies: Wird an dieses lange Leben von den heutigen Chinesen (auch wenn sie sich dieser Tatsache nicht bewusst sind) in ihrer Halle der kaiserlichen Langlebigkeit, ihrem Gott der Langlebigkeit usw. erinnert?

Bemerkenswert sind der Name China selbst und die Namen Chang, Chien, Chuen, Kan, Kieng usw., die allesamt dem Namen Kain (Cain) ähneln, sowie Kha-khan, der Titel des Oberhaupts der Mongolen; ebenso wie Sin (Sünde) oder Sing, die dem ‚Sin' von Naram-Sin ähneln.

Auch hier, denn Strohhalme zeigen, aus welcher Richtung der Wind weht, sind der chinesische Kaisertitel, Herrscher der Gelben, der renommierte Orden der Gelben Jacke, die gelben Wandfliesen der Kaiserpaläste und Tempel, die gelbe Kaiserfarbe und der Gelbe Fluss allesamt suggestiv, wenn man bedenkt, dass Gelb aus irgendeinem unbekannten Grund Kains traditionelle Farbe ist.

Shakespeare schrieb:

„Ein kleiner Bart, ein kainfarbener Bart."[199] [200]

Ebenfalls ist in alten Wandteppichen Kains Bart grundsätzlich in Gelb dargestellt.

---

[198] Siehe S. 34.
[199] Brewers *Dictionary of Phrase and Fable.*
[200] Professor Elliot Smith schreibt: „Schon sehr früh wurden sowohl Indien als auch China auf vielfältige Weise von Babylonien, der großen Brutstätte des Drachen, beeinflusst." S. 102 und S. 95 Fußnote. „Es besteht kein Zweifel daran, dass der chinesische Drache ein Nachkömmling des frühen babylonischen Monsters ist und dass die Inspiration zu seiner Erschaffung Shensi im 3. Jahrtausend vor Christus erreichte." (*The Evolution of the Dragon.*)

FIG. 13.

FIG. 23.

BABYLONISCHER GOTT

Siehe S. 41.

BABYLONISCHE ZEICHNUNG
KLEINER KOPF
(Vergleich mit S. 6.)

Siehe S. 41.

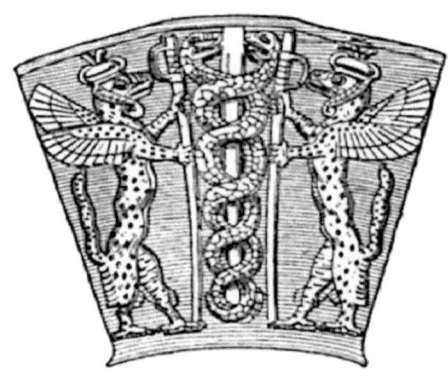

FIG. 29.

BABYLONISCHER TRANKOPFERKELCH

Siehe S. 125.

Die obigen drei Abbildungen sind reproduziert von Kings *A History of Sumer and Akkad* (1910).

Was ist mit Chinas Drachen, dem ‚Symbol des Weisen und des Königs', diese Gottheit, die abwechselnd gelobt, getadelt, gesegnet und verflucht wurde? Was ist mit dem Emblem des Kaisers in seinen Drachengewändern auf seinem Drachenthron vor seiner Drachentafel?

Gewiss finden wir im Drachen von China eine weitere Verbindung zu Babylonien und zu Kain, denn wurden die Untertanen von König Kain nicht die ‚Kinder von Bel' genannt und war Bel nicht der Drache? In Babylonien waren auf den Trankopfergefäßen der Tempel sagenhafte Reptilien abgebildet. In China ist der Drache eng mit dem Element Wasser[201] verbunden, wohingegen Bel in Babylonien manchmal als Akki, der Wasserträger oder Bewässerer, auftrat.

Professor Douglas schreibt:

„Die Hügelketten, die Peking nahezu umgeben, werden als schützender Drache bezeichnet, von dem man annimmt, dass er den Wohlstand der Stadt sichert. Der Erdwall, der hinter einem Grabmal errichtet wurde, um den Nordwind abzuhalten, wird Drache genannt." (*China.*)

Dieser Exkurs über das chinesische Reich, der möglicherweise als irrelevant angesehen wird, wird meines Erachtens durch meine fest stehende Überzeugung gerechtfertigt, dass menschlich gesehen Babylonien Kain den Goldenen Pokal verdankte, der die Nationen in den Wahnsinn treiben sollte. China verdankt ihm sein Wahrzeichen, den Drachen – „die alte Schlange, genannt Teufel und Satan, die die ganze Welt verführt." (Offb. 12:9) (Siehe Abbildung S. 124.)

---

[201] Siehe Anhang I.

IX—BEWEISE ZUSAMMENGEFASST UND AUF DEN PUNKT GEBRACHT

Der Beweis, dass Kain Sargon war, lässt sich nun wie folgt zusammenfassen.

Die Tatsache, dass Sargons Errungenschaften sowohl ein in der Geschichte beispielloses Maß an Weisheit und Macht als auch ein langes Leben voraussetzen, so wie es traditionell Kain zugeschrieben wird.

Die außergewöhnlichen Fähigkeiten, gepaart mit der Verderbtheit von Sargons Regierung und Aktivitäten, stehen im Einklang mit allem, was man über Kain weiß.

Die Wahrscheinlichkeit, dass die babylonische Stadt Erech oder Unuk (Uruk) die von Kain erbaute Stadt Henoch war. (Siehe S. 29.)

Die Tatsache, dass die Stadt regelmäßig in Inschriften im Zusammenhang mit Sargon erwähnt wird und als ‚Sitz der Verehrung von Anu und Ishtar' (den vergöttlichten Vertretern von Adam und Eva) bezeichnet wird; und dass die Verehrung dieser Götter erstmals ‚am Hof von Sargon' etabliert wurde. (Siehe S. 62.)

Sargons Datum liegt etwa im Jahr 3800 vor Christus; zu dieser Zeit könnte Kain den biblischen Daten zufolge gelebt haben.

Die zweite Silbe von Sargons Namen ist dieselbe wie Kain, und die erste Silbe bedeutet einen Herrscher oder König.

Während der heilige Johannes sagt, dass Kain ‚von dem Bösen' war, wird Sargon der ‚Königpriester von Enlil' (dem Teufel)[202] genannt; er wird nachweislich von Akki (dem Teufel)[203] adoptiert und muss seinen Vater ‚Dati-Enlil' (den Teufel)[204] nennen.

Seine Ankunft wird in einer Legende als urplötzlich und geheimnisvoll beschrieben, so wie Kains Ankunft in Babylonien gewesen sein muss.

Sargon herrschte, ebenso wie Kain, über eine andere Rasse als seine eigene.

Sargon wird ‚König der Stadt'[205] genannt, während Kain der Bibel zufolge eine Stadt baute.

Sargon wird ‚der Gründer', der ‚Ernannte' oder ‚vorherbestimmte König', der ‚Urheber des bürgerlichen Rechts' und ‚Erschaffer des Wohlstands' oder der ‚Weise' genannt – allesamt Bezeichnungen, die auch Kain beschreiben könnten.

[202] *Cambridge History*, Vol. I, S. 408.
[203] Siehe S. 79.
[204] Siehe S. 79.
[205] *Hibbert Lectures*, Sayce, S. 28.

Sargon wird in Inschriften als Gärtner von Anu (Adam) dargestellt, als Liebling von Ishtar (Eva), und nur für eine gewisse Zeit von ihr geliebt, da er sagt: „Als ich Gärtner war, liebte mich Ishtar", was sich möglicherweise auf die Tatsache bezieht, dass Eva nach der Ermordung Abels sich von Kain distanzierte.

Sargon wird als der Sohn von Ea (Eva)[206] bezeichnet, und unter dem Namen Merodach, dem Sonnengott, wird er kontinuierlich der Erstgeborene von Ea genannt und erweist sich somit als der Bruder von Tammuz (Abel) und als (als Adar) Mörder von Tammuz.

Während Sargons Untertanen die Schwarzköpfe genannt werden, soll Merodach, den ich als den mythologischen Vertreter Kains betrachte, über die Igigi oder Niggil (ma), wahrscheinlich Schwarze, geherrscht haben.

Auch muss in Erinnerung gerufen werden, dass die Theorie der Anwesenheit Kains in Babylonien die beste Erklärung für das plötzliche Erscheinen einer wunderbaren Zivilisation und Kultur in diesem Land bietet und uns von der Notwendigkeit befreit, zu glauben, dass sie schrittweise von einer niederen Rasse entwickelt wurde. Diese Sichtweise scheint der Schüssel zum sumerischen Problem zu sein sowie zur Problemlösung des Ursprungs des Götzendienstes und auch zur Problematik der antiken Zivilisationen, die den Kindern des Sonnengottes zugeschrieben werden. Zudem ist sie die beste Erklärung für den römischen Brauch, den Sir James Frazer zur Kernthematik von ‚Der Goldene Zweig' macht.

Schließlich erklärt es, wie nichts anderes es kann, wie das Wissen über Gott und seine Gesetze in den frühesten Zeiten nach Babylonien gelangte und wie dieses Wissen nahezu bis zur Unkenntlichkeit verschwiegen oder verzerrt wurde.

---

[206] *Worship of the Dead*, Garnier, S. 399.

Wenn wir all diese Beweise zusammenfassen, können wir uns Kain vorstellen – einen übermenschlichen Erben übernatürlichen Wissens, der (wir schließen daraus) von Angesicht zu Angesicht mit einem göttlichen Boten gesprochen hatte – wie er allein in seelischen Qualen zu einer unbekannten und gefürchteten Rasse hinauszog. Eine Geschichte besagt:

„Kain verweilte zitternd auf der Erde, wie Gott ihn bestimmt hatte, nachdem er seinen Bruder Abel getötet hatte."[207]

Doch es wird hinzufügt ‚und er fing an, Städte zu bauen' und ‚er gründete sieben Städte', was darauf hindeutet, dass er neuen Mut bekam; und die babylonischen Inschriften zeigen, woher dieser kam. Es war der Teufel, der Sargon adoptierte und ihm im Austausch für seine Anbetung und seinen Gehorsam immense Macht und unbeschreiblichen Reichtum verlieh.

Mit dem Satz „der böse Geist lauert in der Wüste, an die Seite des Mannes hat er sich genähert"[208] machte der Autor womöglich eine düstere Andeutung auf die Versuchung und den Fall Kains, der ‚von dem Bösen' war und tief aus dem Goldenen Pokal getrunken haben muss, bevor er in seiner Stadt Henoch die Kultstätten für Adam und Eva baute und damit das größte Gebot Gottes brach.

Können wir uns Kain nicht vorstellen, umgeben von seinen ‚Söhnen des Palastes', gekleidet wie Merodach auf den Denkmälern – im bronzenen Streitwagen[209] Berge überwindend – siegreich erobernd – in einer imposanten Barke von einer seiner sieben Städte zur anderen unterwegs, während seine präadamitischen Untertanen in den Ebenen schufteten, die er durch seine Bewässerungsanlagen in den Garten der Antike verwandelt hatte? Wie er mit einer Flotte von zahlreichen geruderten Galeeren die Meere erkundet, an fernen Küsten landet, Minen entdeckt, Siedlungen gründet und prächtige Paläste und Tempel baut?

Können wir nicht glauben, dass er auf einer Steinplattform, wie sie kürzlich auf Kreta gefunden wurde, abscheuliche Zeremonien durchführte, eine Zeremonienaxt schwang (möglicherweise die gleiche, die an dieser Stelle gefunden wurde)[210], und dem Teufel Menschenopfer darbrachte, oder der Großmeister kannibalischer Orgien ritueller Natur war, wie sie bis zum 16. Jahrhundert von den Kindern des Sonnengottes in Amerika fortgeführt wurden?

Und sein Ende? War Kain nicht der erste aller ‚wandernden Sterne, denen die Schwärze der Finsternis für immer vorbehalten war'[211]?

---

[207] *Biblical Antiquities of Philo*, S. 77. Trans, von M. R. James.
[208] *The Devils and Evil Spirits of Babylonia*, R. Thompson, Vol. II, S. 105.
[209] Sargon sagt: „In Scharen von bronzenen Streitwagen durchquerte ich raue Länder. ... Dreimal bis zum Meer bin ich vorgerückt." (*Hibbert Lectures*, Sayce, S. 27.)
[210] Siehe S. 117.
[211] Brief des Judas 1:13.

An dieser Stelle endet mein Versuch, aufzuzeigen, dass die Menschen in der grauen Morgen-dämmerung der Geschichte über die Erkenntnis Gottes verfügten; dass dieses Wissen, während es von den Nachkommen Seths bewahrt wurde, von Kain nach Babylonien gebracht und dort zusammen mit der Geschichte vom Garten Eden verfälscht wurde; dass die mythologische Literatur dieses Landes voller verschleierter Hinweise auf diese Geschichte ist und dass daher die Theorie, dass die ersten Kapitel der Genesis auf babylonischen Mythen beruhten, als unbegründet abgetan werden kann.

In der Presse werden ständig Angriffe aller Art auf die Authentizität dieser Kapitel geäußert. Sir Oliver Lodge hat kürzlich die Tatsache beklagt, dass die allgemeine Annahme der Evolutionstheorie durch den anhaltenden Glauben an die göttliche Inspiration des Alten Testaments verzögert wird, das seiner Meinung nach „Literatur ist und nur nach literarischen Maßstäben beurteilt werden darf."[212]

Da das Alte Testament jedoch, wie ich aufzuzeigen versucht habe, Antworten auf Probleme liefert, die anderenfalls unlösbar wären, gebührt es diesem gewiss selbst von Wissenschaftlern als mehr als nur als Literatur angesehen zu werden.

Unter dem Titel ,Das Problem des Unglaubens' erschienen in der *Times*-Ausgabe vom 19. März 1925 folgende Worte:

„Obwohl sich die Bildungselite von Tag zu Tag bewusster wurde, dass die bloße Anhäufung von Wissen nicht zur Lösung des Rätsels des Universums und des menschlichen Schicksals beitrug, weigerte sie sich, sich an die Kirche zu wenden, weil man sie nicht davon überzeugen konnte, dass die Kirche eine erwägenswerte Antwort anzubieten hätte."

Das vorliegende kleine Werk wurde von der festen Überzeugung inspiriert, dass die Antwort auf dieses Rätsel nur im Alten und Neuen Testament zu finden ist. War der schottische Dichter des frühen Viktorianischen Zeitalters nicht klüger als unsere modernen Evolutionisten, als er schrieb:

„INNERHALB DIESEM SCHRECKLICHEN AUSMAß VERBIRGT SICH

DAS GEHEIMNIS DER MYSTERIEN

AM GLÜCKLICHSTEN SIND DIE DER MENSCHHEIT,

WEM GOTT GNADE GEWÄHRT HAT.

LESEN, FÜRCHTEN, HOFFEN, BETEN,

DIE TÜR ZU ÖFFNEN UND DEN WEG BEZWINGEN;

UND BESSER WÄREN SIE NIE GEBOREN WORDEN,

WER LIEST, UM ZU ZWEIFELN, ODER LIEST UM ZU VERSPOTTEN. "

SCOTT.

---

[212] Evolution in Everything, *Daily Express*, July 23th, 1925.

DIE BEKUNDUNG DER WISSENSCHAFT

Die Übereinstimmung wissenschaftlicher Entdeckungen mit der Abfolge der Ereignisse der Erschaffung der Welt, die in der Bibel als die sieben Perioden (sogenannte Tage) beschrieben werden, wird bestritten. Wir lesen: „Es steht außer Frage, dass die Aufzeichnungen der prähistorischen Zeitalter in der Genesis völlig im Widerspruch zur modernen Wissenschaft und archäologischen Forschung stehen." (*Encyclopedia Britannica*, Ed. II, Genesis.) Wiederum wurde die Übereinstimmung der Bibelaussagen mit der modernen Wissenschaft im letzten Jahrhundert von Wissenschaftlern bestätigt, und soweit ich feststellen kann, haben keine späteren Entdeckungen ihr Urteil infrage gestellt.

Dr. Kinns, Ph.D. (Universität Jena), der eine Liste der Wissenschaftler veröffentlichte, die seiner Arbeit zugestimmt hatten, weist darauf hin, dass die Zahl der Ereignisse im Zusammenhang mit dem Schöpfungsgeschehen der Bibelerzählung fünfzehn beträgt und dass die Evolution der Welt, wie diese Wissenschaftler zugeben, ebenfalls in fünfzehn Phasen unterteilt werden kann. Eine mathematische Berechnung zeigt, dass die Wahrscheinlichkeit, zufällig die exakte entsprechende Reihenfolge von fünfzehn Einheiten zu reproduzieren, etwa eins zu einer Milliarde beträgt. Selbst die größten Skeptiker müssen zugeben, dass es gelinde gesagt unwahrscheinlich ist, dass die exakte Reproduktion einer dieser Sequenzen versehentlich erfolgt … Jedoch ist ihre Übereinstimmung durch die Wissenschaft bewiesen. Im Folgenden sehen wir Dr. Kinns Vergleich der Schöpfungsereignisse, wie sie einerseits durch die Bibel und andererseits durch die moderne Wissenschaft bezeugt werden.

In erster Linie: Die Wissenschaft sagt, dass Materie zunächst in einem stark verdünnten gasförmigen Zustand existierte, der als Äther bezeichnet wurde, ohne jegliche Form und ohne jegliches Licht.

Moses sagt: „Und die Erde aber war wüst und öde, finster war es über den Wassern."

I. Wissenschaft: Durch die Kondensation dieses Äthers entstanden leuchtende Nebel, die sich anschließend noch weiter zu Sonnen und Welten komprimierten.

Moses: „Und Gott sprach: Es werde Licht."

II. Wissenschaft: Astronomische Daten beweisen, dass in dieser Verdichtung von Nebeln vor dem Sonnensystem andere Welten entstanden sind.

Moses: „Gott schuf den Himmel und die Erde."

III. Wissenschaft: Bei der Abkühlung der Erde verbanden sich einige der sie umgebenden Gase durch einen Mechanismus chemisch zu Luft und Wasser.

Moses: „Und Gott sprach: Es werde ein Firmament."

IV. Wissenschaft: Bei weiterer Abkühlung kam es zu großen Erschütterungen, die die Felsen emporwirbelten und sie über das Weltmeer erhoben, wodurch Berge, Inseln und Kontinente entstanden.

Moses: „Und Gott sprach: Lass das Trockene erscheinen."

V. Wissenschaft: Die frühesten Formen pflanzlichen Lebens waren Sporenpflanzen wie Algen, Flechten, Pilze und Farne auf dem Land; diese vermehren sich durch Sporen und nicht durch Samen. Dr. Hicks hat Farne im unteren Silur von Wales gefunden.

Moses: „Und Gott sprach: Lass die Erde Grass hervorbringen." Wörtliche Übersetzung: Lass die Erde Keime sprießen, damit sie zarte Kräuter hervorbringt.

VI. Wissenschaft: Als Nächstes folgte die unterste Klasse der Phanerogamen oder Blütenpflanzen namens Gymnospermen, die nackte Samen hatten, wie die Nadelbäume. Dana erwähnt Nadelholz, das im unteren Devon gefunden wurde.

Moses: „Es lasse die Erde aufgehen das Kraut, das Samen bringt."

VII. Wissenschaft: Darauf folgte eine höhere Klasse von Phanerogamen, d.h. Blütenpflanzen mit einer geringen Fruchtfolge, die im mittleren Devon und im Karbon vorkommen.

Moses: „Und die Bäume, die da Früchte tragen, in denen ihr Same ist, ein jeder nach seiner Art." Die höhere Ordnung der Obstbäume entstand, als ‚Gott anschließend einen Garten pflanzte'.

VIII. Wissenschaft: Offensichtlich war die Erde bis nach der Karbonperiode von viel Dampf umgeben, und auf ihrer gesamten Oberfläche herrschte ein ausgeglichenes Klima; danach ließen diese Nebel nach, und anschließend verursachten die direkten Sonnenstrahlen die Jahreszeiten.

Mose: „Und Gott sprach: Es sollen Lichter sein am Firmament des Himmels. Sie seien Zeichen für Zeiten, Tage und Jahre."

IX. Wissenschaft: Nach der Karbonzeit tauchten viele neue Arten von Meerestieren auf und die Meere wimmelten von Leben.

Moses: „Und Gott sprach: Es wimmle das Wasser von lebendigem Getier."

X. Wissenschaft: Im Buntsandstein werden zum ersten Mal Fußabdrücke von Vögeln gefunden.

Moses: „Und Vögel sollen fliegen auf Erden unter dem Firmament des Himmels."

XI. Wissenschaft: In den Nachschichten des Lias kommen Monsterechsen wie Ichthyosaurus und Plesiosaurus vor.

Moses: „Und Gott schuf große Wale." Hätte mit ‚Seeungeheuer' übersetzt werden sollen.

XII. Wissenschaft: Gigantische Bestien wie Megalosaurus, Iguanodon und Dinotherium gingen der Entstehung des Viehs voraus.

Moses: „Und Gott machte das lebendige Getier auf Erden, ein jedes nach seiner Art."

XIII. Wissenschaft: Rinder wie Ochsen und Hirsche erschienen vor den Menschen; einige davon in der Zeit nach dem Pliozän.

Moses: „Und Vieh nach seiner Art."

XIV. Wissenschaft: Gemäß Agassiz erschienen die bedeutsamsten Blumen, Obstbäume und Getreidesorten erst kurze Zeit vor der Menschheit.

Moses: „Gott der Herr pflanzte einen Garten … und Gott, der Herr, ließ aus der Erde alles wachsen, lieblich zum Anschauen und gut zur Nahrung."

XV. Wissenschaft: Die höchste und letzte geschaffene Form tierischen Lebens war der Mensch.

Moses: „Und Gott schuf den Menschen zu Seinem Bilde, zum Bilde Gottes schuf er ihn."

Schlussendlich: Wissenschaft: Soweit wir heute (1927) wissen, wurden nach dem Menschen keine neuen Pflanzen- oder Tierarten geschaffen.

Moses: „Gott vollendete sein Werk, das Er gemacht hatte."

Auf diese Weise unterstützt das Buch der Natur, wie Dr. Kinns betont, die Bibel. Sir John Herschel schrieb einmal: „Alle menschlichen Entdeckungen scheinen nur zu dem Zweck gemacht zu sein, die Wahrheiten, die von oben kommen und in den heiligen Schriften enthalten sind, stärker zu bestätigen."

ZU VOREILIGE KRITIK

Im *One Volume Bible Commentary* (Genesis) konstatiert der Autor: „Angenommen, dass die Astronomen Recht haben, oder wie auch immer, in der Tat sind Sonne und Mond nach vernünftigem Ermessen nicht nach der Erde entstanden." Aber sagt die Bibel, dass dies der Fall war? Ist es nicht offensichtlich, dass sich Vers 16 des ersten Kapitels, in dem Sonne und Mond erwähnt werden, auf die Erschaffung des großen Lichts namens Tag bezieht, das im ersten Vers beschrieben wird? Könnte dieses Licht irgendein anderes als die Sonne gewesen sein? Ein Bibelübersetzer macht deutlich, dass es so war, indem er Vers 16 wie folgt wiedergibt: „Und Gott hatte zwei große Leuchten geschaffen", und indem er den ersten Vers wiedergab: „Gott schuf nach und nach das, was die Sonnen hervorbrachte; danach das, was die Erde hervorbrachte."[213]

So wiedergegeben, stimmen diese Verse mit der modernen Theorie des Sonnensystems überein. Dr. Kinns zeigt auf, dass, wenn wir in Gen. 1:16 lesen: „Gott schuf zwei große Leuchten", auf die Zeit Bezug genommen wird als die dichten Dämpfe, die die Erde zunächst umhüllten, verschwanden und es dem Licht und der Wärme der Sonne ermöglichten, diese zu erreichen.

Er zeigt auf, dass das Wort ‚gemacht' ebenso gut mit ‚bestimmt' wiedergegeben werden kann, wie im Psalm 104, Vers 19: „Er hat den Mond zur Bestimmung von Zeiträumen bestimmt, und die Sonne kennt ihren Untergang."

Ein anderer Autor führt in Bezug auf die Erschaffung und den Sündenfall des Menschen, folgenden Satz über das Menschengeschlecht an:

„Die Entdeckungen des gewaltigen Ausmaßes des Universums, das Alter der Menschenrasse und die Zusammenstellung des Alten Testaments zwischen 458 und 140 vor Christus haben dieser Theologie das gesamte Fundament genommen."

Ich würde diesem Autor die Frage stellen: Wo leugnet die Bibel, auf der ‚diese Theologie' basiert, das gewaltige Ausmaß des Universums oder schränkt sie das Alter der Präadamiten ein, an deren Existenz sie uns glauben lässt? Und welchen Beweis gibt es dafür, dass die Bibelberichte nicht sowohl schriftlich als auch mündlich in einer ununterbrochenen Linie von Adam überliefert wurden? Ich kann keine finden.

ANHANG B (S. 22)

Es gibt noch eine weitere falsche Vorstellung, nämlich, dass die Arche auf dem Gipfel des Berges Ararat ruhte. In der Bibel wird dies nicht so gesagt, sondern es heißt, dass die Arche auf den *Bergen* von Ararat lag. Nun konnte die Arche nicht auf mehreren Bergen ruhen, jedoch möglicherweise konnte sie auf einen Teil dieser Gebirgskette getrieben haben und dort einige Fuß über dem Boden liegengeblieben sein, als das Wasser zurückging. In George Smiths Übersetzung des ‚Sintflut Tablet' finden wir die Aussage, dass „der Berg Nizir das Schiff *aufhielt* und es nicht darüber hinwegkommen konnte." (*Moses and Geology*, S. Kinns, S. 399.)

---

[213] Ferrer Fenton, *The Bible in Modern English*.

EINE INTERESSANTE MÖGLICHKEIT

Inschriften und Zeichnungen zufolge befand sich Sargon ständig im Krieg mit Menschen seiner eigenen Rasse, woraus wir die Schlussfolgerung ziehen können, dass er mit dem anderen Zweig von Adams Familie in Konflikt geriet. Er soll Kriegsgefangene nach Babylonien gebracht und auf diese Weise sicherlich das Niveau der Bevölkerung erhöht haben. Professor King schreibt hierzu: „Das Volk von Elam, das östlich von Mesopotamien lag, stand schon früh in ständigem Konflikt mit Babylonien." (*Books on Egypt and Chaldea,* Vol. IV, S. 157.)

Der Name ‚Elam' kennzeichnet Kains Widersacher als einen nicht-kainitischen Zweig der Familie Adams, denn Elam war ein Sohn von Sem. Dies ist selbstverständlich ein Anachronismus, wenn man es auf die Menschen aus Sargons Zeit anwendet, wenn Sargon Kain war und wenn, was praktisch sicher scheint, ‚Elam' nach Sems Sohn benannt wurde, der lange nach Sargons Tod lebte. Auf die lockere Art und Weise, wie biblische Namen verwendet werden, wurde bereits hingewiesen. (Siehe S. 19.)

Es drängt sich die Frage auf, wie sich die Sintflut, die die Adamiten vernichtete, auf Kains Nation in Babylonien auswirkte. Es ist zumindest suggestiv, dass wir in Dr. Mossats neuer Version des Alten Testaments Folgendes finden, als die Adamiten ‚ein plötzliches Ende'[214] fanden: „Als die Fluten sie untergruben, erfreuten sich die guten Männer, ihr Schicksal zu sehen, und die Schuldlosen spotteten über sie und riefen: ‚Unsere Feinde sind jetzt ausgelöscht, und was sie hinterlassen, werden die Flammen verbrennen.'" Da es kaum vorstellbar ist, dass Noah und seine Familie den Rest der Rasse Adams (die Sethiter) als ihre Feinde betrachten, stellt sich die Frage: Kann auf Kain und seine Anhänger angespielt werden? Es gibt Anlass zu Spekulationen aus der Tatsache, dass das hebräische Wort, das mit ‚schuldlos' übersetzt wird, ‚Naqi' oder ‚Naqah' ist, das wiederum dem Wort ‚Akki' oder ‚Akkad' ähnelt. Hätte man es als ‚Akkadier' statt als ‚schuldlos' bezeichnen sollen? Es ist einfacher, sich Sargons Nachkommenschaft und deren Gefolgsleute vorzustellen, die sagen: „Unsere Feinde sind jetzt ausgelöscht, und was sie hinterlassen, werden die Flamme verbrennen", als zu glauben, dass Noah und seine Familie derart menschenverachtend hätten sein können.

Den biblischen Daten zufolge ereignete sich die Sintflut um das Jahr 2348 vor Christus, sodass Sems Nachkommen und die von Kain miteinander in Konflikt geraten sein könnten, denn ein ‚semitischer' König namens Samu-abi (Sem ist mein Vater[215]) stürzte eine babylonische Dynastie ungefähr zu dieser Zeit.[216] Zudem erscheint es möglich, dass Sems Sohn Assur, von dem in der Bibel gesagt wird, er sei aus dem Land Nimrod ausgezogen und hatte Ninive gebaut, dieser semitische König gewesen sei.

---

[214] Hiob 22:16-20.
[215] *Times History*, Vol. I, S. 363.
[216] *Times History*, Vol. I, S. 327.

Der Grund, warum Nimrod zu dieser Zeit in Babylonien regierte, könnte darin liegen, dass er der letzte Repräsentant der Kain-Dynastie war, wenn, wie Bischof Cumberland vermutete,[217] sein Großvater Ham das Weib Naamah, die weibliche Nachfahrin Kains, zur Frau nahm; Nimrod könnte durch sie den babylonischen Thron bestiegen haben.

Gemäß Josephus und anderen Überlieferungen war Nimrod ein schlechter Mann – was lag daher näher, als dass Sems Sohn über ihn hergefallen wäre, ihn vertrieben und an seiner Stelle regiert hätte? Er könnte nach Ägypten geflohen sein, denn es gibt Grund zu der Annahme, dass er das menschliche Original des ägyptischen Gottes Osiris[218][219] war; zudem erscheint der Name Nimrod in ägyptischen Inschriften. Es scheint eine Tatsache zu sein, dass sein Großvater und sein Vater nach Ägypten gingen, denn dieses Land wurde nach ihnen benannt. Somit wäre Ägypten verständlicherweise sein Zufluchtsort gewesen. Bei Berücksichtigung all dessen ist es nicht schwierig, sich vorzustellen, wie Kains üble Bräuche nach Ägypten gelangten und, wie einige Autoren angedeutet haben, sogar nach Mexiko übergingen.

Ebenso wie die Priester ihr Bild vom Sonnengott Merodach (den ich mit Kain identifiziere) verwischten, indem sie ihm einen anderen Namen gaben, seine Eigenschaften veränderten und in späteren Zeiten zwei weitere Sonnengötter erfanden, so haben sie ihr Bild von Sargon verschleiert, indem sie seine Errungenschaften anderen Herrschern zugeschrieben haben, die ‚sumerische' Namen trugen.

Wie wir unter anderem gesehen haben, ist ‚Enmerkar'[220], dem sie den Bau von Erech zuschreiben, offensichtlich Sargon unter einem anderen Namen, wenn Professor Sayce mit der Annahme richtigliegen sollte, dass Kain diese Stadt[221] gebaut hat, und ich in dem Glauben richtigliege, dass Kain Sargon war. Auf ähnliche Weise soll ein König namens Lugal-Zaggisi „ein Reich gefestigt und regiert haben, das sich vom Persischen Golf bis zum Mittelmeer[222] erstreckte". Sogar Professor King, der Lugal-Zaggisi als reales und eigenständiges Individuum betrachtet, konstatiert, dass, auch wenn Sargon all das erreicht hat, es „Schwierigkeiten gibt, Lugal-Zaggisi eine ähnliche Leistung zuzuschreiben"[223]. Es hat sich gezeigt, dass Professor King eingesteht, dass Sargons Geschichte der einzige Punkt in der frühen babylonischen Geschichte ist, der zweifellos anerkannt ist.[224]

---

[217] *Sanchoniathons History*, S. 107, Cumberland. Der Autor sagt, dass laut Plutarch die Frau von Kronos (der mythologischen Form von Ham) ‚Nemaus' war, was seiner Meinung nach nur die griechische Form des hebräischen ‚Naamah' sei, die einzige weibliche Nachfahrin Kains, die in der Bibel erwähnt wird.

[218] *Worship of the Dead*, S. 36. „Nimrod scheint auch das menschliche Original des ägyptischen ‚Osiris' gewesen zu sein."

[219] Siehe Anhang D, S. 137

[220] Siehe S. 34.

[221] Siehe S. 29.

[222] *Sumer and Akkad*, Seiten 197-198.

[223] Siehe S. 35.

[224] *Sumer and Akkad*, S. 198.

Colonel Garnier vertritt die Ansicht, dass Lugal-Zaggisi lediglich ein anderer Name für Sargon ist. Er macht darauf aufmerksam, dass sowohl Lugal-Zaggisi als auch Sargon der König von Erech und der Hohepriester von En-lil gewesen sein sollen; beide sagen, dass En-lil ihnen ihre Ländereien und Untertanen geschenkt hat. Sie beide hätten alles „vom oberen Meer (Mittelmeerraum) bis zum unteren Meer (der Persische Golf)" erobert und seien „der gewaltige Mann, Sohn des Gottes Ea, Prinz des Mondgottes, gezeugt aus Tammuz und Ishtar."[225] Weshalb Colonel Garnier sagt: „Lugal-Zaggisi ist der Gebieter (oder König) Sargina."[226]

Die Tatsache, dass die Namen Lugal-kigub-ninidudu und Lugal-kisalsi auf einem Sargon zugeordneten Türsockel zu finden sind, legt nahe, dass es sich auch um andere Namen handelte, die für Sargon verwendet wurden, und Colonel Garnier identifiziert den ersten Namen mit Sargon.[227] All dies zeigt auf, wie die babylonischen Priester versuchten, die Dinge schwierig zu machen.[228] Ein weiteres Beispiel für die Inkonsistenzen der Priester wird kommentiert in *Cambridge History*, Vol. I, S. 403:

„Über Sargon, den Begründer der semitischen Dynastie in Agade, gab es viele romantische Geschichten. Auf zwei chronologischen Tafeln heißt es: ‚In Agade regierte 35 Jahre lang Sharru-kin-lubani, ein Gärtner und Mundschenk von Ur-Ilbaba, der zum König ernannt wurde.'"

In einer Fußnote wird folgender Kommentar abgegeben: „Aber Ur-Ilbaba war der dritte König der vierten Dynastie von Kisch, und ihm wird eine Regierungszeit von achtzig Jahren (einer anderen Tafel zufolge sechs Jahre) zugeteilt, und da fünf weitere Könige von Kisch und die Herrschaft von Lugal-Zaggisi mit insgesamt sechsundachtzig Jahren dazwischenliegen, kann Sargon nicht der Mundschenk des Königs gewesen sein. … Es war ein posthumer Ur-Ilbaba-Kult in Kisch, bei dem der junge Sargon amtierte."

Ich stelle die Behauptung auf, dass der Name Ur-Ilbaba nur einer der Fantasienamen war, die von den Priestern ausgedacht wurden, um die wahre Geschichte des alten Babylonien zu verschleiern, und dass, wie Colonel Garnier als Erster darauf hinwies, Lugal-Zaggisi lediglich ein anderer Name für Sargon war; dass die ‚anderen fünf Könige' frei erfunden waren; und dass wir in der oben beschriebenen Diskrepanz ein Beispiel dafür sehen, wie die Inschriften der Priester uns durcheinanderbringen und in die Irre führen, wenn wir nicht erkennen, dass sie dazu gedacht waren, die Nachwelt zu verwirren.

Im Hinblick auf meine Theorie, dass Kains übermenschliches Wissen von seinen Nachkommen über die ganze Welt verbreitet wurde, ist es immerhin sonderbar, dass die Pioniere der Eisenverarbeitung auf Borneo ‚die Kayan' genannt werden und dass ihre Vorfahren ‚eine Bande von Kriminellen'[229] gewesen sein sollen, selbst wenn sie es allem Anschein nach waren, die den Ureinwohnern von Borneo das Geschick der Metallbearbeitung beibrachten.

---

[225] *Worship of the Dead*, S. 399.
[226] Siehe S. 35 und *Worship of the Dead*, S. 399.
[227] *Sumer and Akkad*, S. 199.
[228] Siehe S. 53.
[229] *Children of the Sun*, S. 110.

Ein Autor merkt an:

„In jedem Bericht über die Techniken und der Handwerkskünste der Kayaner nimmt die Verarbeitung von Eisen den ersten Platz ein aufgrund der enormen Bedeutung für sie, sowie wegen der Fähigkeiten und Kenntnisse, die sie bei der Herstellung ihrer feinen Schwerter an den Tag legen. Die Herkunft ihres Wissens über Eisen und die Prozesse des Schmelzens und Schmiedens bleibt im Dunkeln (!); aber es besteht kaum ein Zweifel daran, dass die Kayan mit diesen Prozessen vertraut waren, bevor sie Borneo betraten." (*Children of the Sun*, W. J. Perry, S. 122.)

Es gibt Hinweise darauf, dass ein Teil der Familie Noahs von Babylonien nach Ägypten und von dort aus über Afrika nach Amerika reiste. Die *Encyclopedia Britannica* (Ed. XI) sagt, „dass die ersten spanischen Entdecker Mexikos aufgrund der Hinweise zu dem außergewöhnlichen eindeutigen Endergebnis gelangten, dass die Mexikaner von Naphtuhim abstammen, dem Sohn Mizraims und Enkel Noahs, der kurz nach der Verwirrung der Sprachen Ägypten verließ und nach Mexiko ging." Da die biblische Geschichte von modernen Gelehrten selbstverständlich ignoriert wird, fährt der Autor fort: „Moderne Archäologen gehen die Frage von einem anderen Standpunkt aus an", obwohl er die Theorien der Spanier zu stützen scheint, indem er hinzufügt, dass „die ursprüngliche Bevölkerung Amerikas … durchaus aus den Zeiten sein könnte, als zwischen Amerika und Asien zusammenhängendes Land lag".

Ein Hinweis darauf, dass die babylonische Zivilisation nach Ägypten gelangte, ist die Tatsache, dass die älteste Pyramide (Pyramide von Sakkara) wie die babylonischen Türme terrassenförmig[230] gebaut ist; und dass sie nach Mexiko vordrang, wird durch die Tatsachen angezeigt, dass der „mexikanische Glaube an die Ebenen von Himmel und Hölle offenbar aus der babylonisch-griechischen astronomischen Theorie gelernt wurde"[231], und dass: „vor nicht allzu langer Zeit Dr. Thomas Gann bekanntgab, dass Dr. H. J. Spinden aus Harvard eindeutige Beweise für das genaue Jahr gefunden hatte, von dem aus die alten Maya-Baumeister Mittelamerikas ihre Zeitzählung datierten, nämlich 3373 vor Christus."[232] Diese Entdeckung beweist, dass die Maya-Zivilisation zu einer Zeit existierte, als gemäß Bibel und monumentalen Beweisen möglicherweise Kain (d.h. Sargon) in Babylonien regierte, und dies ist, um es einmal vorsichtig auszudrücken, bedeutungsvoll.

Die Architektur und Dekorationen der alten Maya-Gebäude erinnern eigenartigerweise an chinesische Kunst.

Darüber hinaus sagt ein Schriftsteller:

„Die zwischen aztekischen Überresten ausgegrabenen Jadeperlen hatten ihren Ursprung höchstwahrscheinlich in China, der nächstgelegene Ort, an dem solche Jade vorkommt. Die im alten Grab von Oaxaca exhumierte Bronzefigur ist zweifellos chinesisch." (*Mexico as I saw it*, Mrs. Alex Tweedie, S. 161.)

---

[230] *Hist. of Egypt*, Birch, S. 25.
[231] *Ency. Brit.*, Ed. XI, Mexico, S. 330.
[232] *Discovery. A Monthly Journal of Knowledge*, Juni, 1925.

Diese Tatsachen deuten darauf hin, dass es in der Antike einen Verkehr zwischen China und Mexiko gab, und es erweckt den Anschein, dass Babylonien der Vermittler war, denn einige der dort gefundenen Zeichnungen sind eindeutig im chinesischen Stil gehalten,[233] während kürzlich in China entdeckte Töpferwaren babylonischen Arbeiten ähneln.

Wir lesen in *Discovery, A Monthly Journal of Knowledge*, Dezember, 1926.

„Die Entdeckung solcher Töpferwaren in China sorgte bei europäischen Archäologen für Aufregung. Die Art ihrer Herstellung, ihr allgemeines Erscheinungsbild, … alles erinnerte an die Töpferwaren aus der Jungsteinzeit und der frühen Bronzezeit in Osteuropa und Westasien … in Susa, in Ur, … was sofort zu interessanten Spekulationen führte. War China in seinen Anfängen letztendlich mit dem Nahen Osten verbunden? … Gab es einen gemeinsamen Ursprung für die neolithischen Bewohner beider Enden des asiatischen Kontinents?"

Im Zusammenhang mit den auf Seite 113 zitierten Informationen von Professor Waddell ist es interessant, dass er die babylonische Göttin mit der britischen ‚Königin des Mai' in Verbindung bringt, die er auch mit der ‚Maia der Griechen, Mahi und Maya der Veden und indischen Epen' verknüpft; und er deutet darauf hin, dass die alten Maifeierlichkeiten Menschenopfer und Kannibalismus beinhalteten. Er schreibt:

„So haben wir Überbleibsel dieses sogenannten Beltane-Opferrituals in Großbritannien am 1. Mai beibehalten, bei dem ein Junge per Los feierlich geopfert wurde" (S. 271),

und erwähnt „den weiten Verbreitungsgrad von Kannibalismus unter den wilden Stämmen in Großbritannien."

Aus diesem Grund scheint es wahrscheinlich, dass englische Spaßmacher unbewusst an düstere Zeremonien gedacht haben, die einst von babylonischen Einwanderern auf diesen Inseln zu Ehren des Teufels abgehalten wurden; und dass der Maibaum ein naher Verwandter des heiligen Baumes des mörderischen Priesterkönigs von Nemi war.

Erfreulicherweise müssen die Briten nicht unbedingt von den Importeuren babylonischer Bezeichnungen und Bräuche abstammen; denn die archäologische Forschung zeigt immer deutlicher, dass die Erbauer von Avebury und Stonehenge vor der Ankunft der Brythonen, Cimbri, Kelten und anderer Stämme, die wir getrost als unsere Vorfahren bezeichnen können, hierherkamen (und vermutlich starben).

---

[233] Siehe Porträt von Marduk mit Drachen, Mesopotamien, von L. Delaporte, S. 84. (Berliner Museum.)

ANHANG E (S. 52)

Professor Sayce konstatiert:

„Menschenopfer jedoch waren bereits in der akkadischen Ära bekannt. Dies geht aus einem zweisprachigen Text (K 5139) hervor, der dem *Abgal* oder ‚obersten Propheten' gebietet zu verkünden, dass der Vater das Leben seines Kindes für die Sünde seiner eigenen Seele hingeben muss, den Kopf des Kindes für seinen Kopf, den Hals des Kindes für seinen Hals, die Brust des Kindes für seine Brust." (*Hibbert Lectures*, S. 78, 1887.)

ANHANG F (S. 74)

Es ist eine plausible Vermutung, dass die Handhabung der Bewässerung von Noahs Familie nach Ägypten gebracht wurde, angesichts der Tatsache, dass Ägypten nach Ham und Mizraim benannt wurde. Der ägyptische Gott Amon war vermutlich der mythologische Repräsentant von Ham[234], und die neuesten anthropologischen Entdeckungen zeigen, dass zu Beginn der Geschichte eine herrschende Rasse aus Syrien oder Armenien nach Ägypten kam.[235] Es erscheint wahrscheinlich, dass Ham der erste ägyptische Herrscher war, und somit können wir berechtigt annehmen, dass Menschenopfer und Kannibalismus (beide wurden in Ägypten praktiziert) von ihm eingeführt wurden, denn nach allem, was wir aus der Bibel und alten Aufzeichnungen über ihn erfahren, ging er ‚den Weg Kains'.

ANHANG G (Seiten 47-48)

Die Hymne an Enlil erinnert an die Antwort, die der kontrollierende Geist eines modernen Mediums gibt.

Die Frage lautete: „Kennen Sie einen solchen Geist persönlich, den wir den Teufel nennen?"

Die Antwort war: „Das tun wir sicherlich, gleichwohl ist derselbe Teufel unser Gott, unser Vater." (From *Spiritualism*, von Rev. H. R. Anderson, M. A.)

---

[234] *History of Sanchoniathon*, Bishop Cumberland, S. 99.
[235] *Ancient Egyptians*, Professor Elliot Smith.

ANHANG FA (S. 94)

Sir James Frazer schreibt:

„Apuleius sagt, als er in die Mysterien eingeweiht wurde, dass Isis, die ägyptische Ishtar, sich ihm mit den folgenden Worten offenbart habe:

Ich bin die Natur, die Mutter der Dinge, die Gebieterin der Elemente, der Anfang der Zeitalter, die Herrscherin der Götter, die Königin der Geister der Toten, die Erste der himmlischen Wesen. Meine unveränderliche Göttlichkeit als solche wird unter verschiedenen Namen und unterschiedlichen Riten verehrt. Die Phryger nennen mich Persimuntca ‚Muttergöttin‘, die Kekropianer ‚Minerva‘, die Menschen auf Zypern ‚Paphian Venus‘, die mit Pfeilen bewaffneten Kreter ‚Diana Dictyana‘, die Göttin, die das Geheimnis der Götter weissagt." (*Der goldene Zweig.*)

Hier finden wir Diana mit Ishtar verbunden, und ihr Titel (wie oben) verweist gewiss auf Eva und die Frucht des Baumes der Erkenntnis.

ANHANG H (S. 108)

Philologie wird oftmals als ein schwankendes Rohr angesehen, an das man sich gerne lehnt, und die folgende Anregung mag für fantastisch gehalten werden, doch wenn man bedenkt, dass Kain mutmaßlich der Anstifter des ‚Kannibalismus‘ war, ist es dann nicht möglich, dass dieses Wort von ihm abgeleitet wurde? Der unten zitierte Autor vertritt die Meinung, dass die wahrscheinliche Ableitung dieses Wortes cahna bal ist, ‚der Priester von Bal‘, wobei cahna die betonte Form von cahn, ‚ein Priester‘, ist.

Sehr andeutend nennt Josephus die Priestergewänder Cahanaeae. (*Antiquities of the Jews*, Buch 3, c. 7.)

„Einige meinen, das Wort Kannibale sei von ‚Carib‘ abgeleitet, dem Namen der Menschen auf den Karibikinseln. Aber die Ableitung ist sehr krampfhaft und künstlich. Shakespeare verwendete zu seiner Zeit ‚Kannibale‘ als einen allgemein anerkannten Begriff für Menschenfresser, und da die Westindischen Inseln erst neunzig bis hundert Jahre zuvor entdeckt worden waren und der Name ‚Carib‘ erst viel später bekannt wurde, kann er kaum in ‚Kannibale‘ verfälscht worden sein, und es gibt auch nicht den geringsten Beweis dafür, dass eine solch erzwungene und unglaubwürdige Verfälschung jemals stattgefunden hat."[236]

Dieser Autor bietet keine neue Theorie zum Namen ‚Kannibale‘ an. Hätte er womöglich Kain als den ersten Hohepriester von Bel und den Erfinder des grässlichen Brauchs, Menschenfleisch zu essen, angesehen, dann hätte er auch vermuten können, dass das Wort von Kain abgeleitet war.

---

[236] Hislop, *Two Babylons*, S. 232.

Es wird angenommen, dass der Drache von China die Macht hat, Regen zu geben oder zurückzuhalten.

„Einmal gab es eine lange und schwere Dürre, welcher der Drache nicht entgegenwirken wollte, obwohl er mit Fürbitten und Verwünschungen überhäuft wurde. Da der Drache trotz zahlreicher Prozessionen darauf beharrte, keinen Regen zu schicken, erließ der empörte Kaiser ein donnerndes Edikt gegen ihn und verurteilte ihn zur ewigen Verbannung an den Ufern des Flusses Ili in der Provinz Torgot."

Das Urteil stand kurz vor der Vollstreckung, und der Missetäter machte sich mit rührender Resignation daran, die Wüsten der Tatarei zu durchqueren und sich an den Grenzen Turkestans seiner Strafe zu unterziehen, als der Hof von Peking von Mitleid berührt sich gesammelt auf dem Weg machte, um sich dem Kaiser zu Füßen zu werfen und um Vergebung für den armen Teufel zu bitten. (*Chinese Empire*, by M. Huc.)

Bildnachweis:

Foto S. 6: Reproduziert von *Sargon the Magnificent*, Mrs. Bristowe (1927)

Foto S. 7: Adobe Stock Foto Nr. 655546030

Foto S. 76: Alamy Stock Foto: RY2PNA

Foto S. 97: https://commons.wikimedia.org./wiki/File:
Relief_en_albatre_provenant_de_Dur-Sharrukin.jpg; Royal Museums of Art and Hirstory, Public domain (gemeinfrei), via Wikimedia Commons.